以中国式现代化全面推进
中华民族伟大复兴

踔厉笃行

生龙活虎
向未来

甘守义 / 主编

人民东方出版传媒
People's Oriental Publishing & Media
东方出版社
The Oriental Press

图书在版编目（CIP）数据

踔厉笃行：生龙活虎向未来 / 甘守义主编. -- 北京：东方出版社, 2022.12

ISBN 978-7-5207-2861-4

Ⅰ.①踔⋯ Ⅱ.①甘⋯ Ⅲ.①中国共产党—干部教育—学习参考资料 Ⅳ.①D262.3

中国版本图书馆 CIP 数据核字（2022）第 120053 号

踔厉笃行：生龙活虎向未来
（CHUOLI DUXING：SHENGLONGHUOHU XIANG WEILAI）

主　　编：	甘守义
责任编辑：	杭　超
出　　版：	东方出版社
发　　行：	人民东方出版传媒有限公司
地　　址：	北京市东城区朝阳门内大街 166 号
邮　　编：	100010
印　　刷：	天津鑫旭阳印刷有限公司
版　　次：	2022 年 12 月第 1 版
印　　次：	2022 年 12 月北京第 1 次印刷
开　　本：	787 毫米 ×1092 毫米　1/16
印　　张：	15.5
字　　数：	200 千字
书　　号：	ISBN 978-7-5207-2861-4
定　　价：	59.80 元

发行电话：（010）85924663　85924644　85924641

版权所有，违者必究

如有印装质量问题，我社负责调换，请拨打电话：（010）85924725

序 言

古语云："虎者，阳物，百兽之长也，能执搏挫锐，噬食鬼魅。"十二生肖中，老虎身上蕴藏的文化源远流长。雕塑塑虎，刺绣刺虎，剪纸剪虎，很多人家年画画的是虎，在家里挂"虎"字，给孩子穿虎头鞋，夸孩子也多用"虎头虎脑"……人们钟爱虎，就是因为在中国传统文化中，位居地支第三位、号称百兽之王的虎，既是象征勇气、力量的瑞兽，也是正义勇猛、扶正镇邪的保护神。

"明知山有虎，偏向虎山行。"习近平总书记一贯推崇奋斗与实干，自上任伊始就庄严宣示"人民对美好生活的向往，就是我们的奋斗目标"。自此，以习近平同志为核心的党中央肩负起对民族的责任、对人民的责任、对党的责任，团结带领中国人民接过历史的接力棒，为实现中华民族伟大复兴而努力奋斗。十年来，党中央采取一系列战略性举措，推进一系列变革性实践，实现一系列突破性进展，取得一系列标志性成果，中华大地发生了撼动历史、惊天动地的巨大变化。这些伟大成就、伟大变革背后，反映的是我国发展理念、发展方式、发展动力、发展路径的巨大转换，展示的是以习近平同志为核心的党中央带领亿万人民经千难而百折不挠、历万险而矢志不渝成就的百年大党恢宏气象，揭示的是实现中华民族伟大复兴有了更为完善的制度保证、更为坚实的物质基础、更为主动的精神力量。

本书正是以"虎"为主题，围绕习近平总书记关于"虎"的相关重要论述，以习近平新时代中国特色社会主义思想为指导，以党的创新理论为指引，从"明知山有虎，偏向虎山行""'老虎''苍蝇'一起打""不能让制度成为纸老虎""战胜各种拦路虎""决不能虎头蛇尾""如虎添翼为群众""初生牛犊不怕虎""照猫画虎要不得""老虎屁股要摸得""防止三人成虎""气吞万里如虎""松风一起知虎来"十二个维度，深入思考、生动解读了党的十八大以来，以习近平同志为核心的党中央统筹中华民族伟大复兴战略全局和世界百年未有之大变局，团结带领全党全军全国各族人民始终坚持发扬斗争精神，不断增强志气骨气底气，知难而进、迎难而上，推动党和国家事业取得的历史性成就、发生的历史性变革，探寻更为主动的精神力量密码所在。

"虎踞龙盘今胜昔，天翻地覆慨而慷。"党的二十大制定了当前和今后一个时期党和国家的大政方针，描绘了以中国式现代化全面推进中华民族伟大复兴的宏伟蓝图。"踏上新征程，向着新的奋斗目标，出发！"我们更需始终牢记"三个务必"，增强忧患意识，坚持底线思维，发扬斗争精神，以虎虎生威的雄风、生龙活虎的干劲、气吞万里如虎的精神，在新的舞台上踔厉奋发、勇毅前行，奋力谱写全面建设社会主义现代化国家崭新篇章，努力创造更加灿烂的明天！

洪向华

中共中央党校（国家行政学院）

科研部副主任、教授

目 录

◆ 第一篇　非凡成就 ◆

第一章
"明知山有虎，偏向虎山行"　　　　　002
——空谈误国，实干兴邦

一、惟改革创新者胜　　　　　　　　　　　/ 003
二、真刀真枪干，解决矛盾困难　　　　　　/ 008
三、继续发扬担当和斗争精神　　　　　　　/ 013
四、在疫情防控一线践行初心使命　　　　　/ 018

第二章
"'老虎''苍蝇'一起打"　　　　　　024
——激浊扬清为第一要义

一、得罪千百人，不负十四亿　　　　　　　/ 025
二、"老虎"要露头就打，"苍蝇"乱飞也要拍　/ 030
三、"蝇贪"成群，其害如"虎"　　　　　　 / 034
四、让群众在反腐"拍蝇"中增强获得感　　 / 039

第三章
"不能让制度成为纸老虎"　　　　　　044
——制度的生命在于执行

一、使纪律真正成为带电的"高压线"　　　 / 046
二、守土有责、守土负责、守土尽责　　　　/ 050
三、以踏石留印、抓铁有痕的劲头抓下去　　/ 054
四、坚决杜绝口号式、表态式、包装式落实　/ 059

第二篇　人民至上

第四章
"战胜各种拦路虎"　　066
——兑现党对人民、对历史的郑重承诺

一、用马克思主义赶走解放思想的"拦路虎"　　/ 067
二、用严密组织体系赶走政策落地的"拦路虎"　　/ 071
三、用乡村振兴赶走共同富裕的"拦路虎"　　/ 076
四、用绿水青山赶走永续发展的"拦路虎"　　/ 080

第五章
"决不能虎头蛇尾"　　087
——一言一行系民生、一枝一叶总关情

一、坚持全面从严治党　　/ 088
二、始终坚守人民至上　　/ 092
三、发扬历史主动精神　　/ 096
四、持续深化作风建设　　/ 100

第六章
"如虎添翼为群众"　　106
——为民造福是最大政绩

一、依靠群众如虎添翼，离开群众一事无成　　/ 107
二、勇敢战胜前进道路上各种险阻　　/ 112
三、走好新时代网上群众路线　　/ 114
四、医疗卫生服务信息化更好为群众服务　　/ 119

第三篇　真理之光

第七章
"初生牛犊不怕虎"　　126
——青春是用来奋斗的

一、立志是人生奋斗的前提　　/ 127
二、奋斗是青春最亮丽的底色　　/ 131

三、新时代赋予青年新使命　　　　　　　　　　　/ 134

四、蛮干不如巧干　　　　　　　　　　　　　　　/ 138

第八章
"照猫画虎要不得"　　　　　　　　　　142
　　——以我们正在做的事情为中心

一、坚持中国道路　　　　　　　　　　　　　　　/ 143

二、坚持理论创新　　　　　　　　　　　　　　　/ 147

三、坚持独立自主　　　　　　　　　　　　　　　/ 151

四、坚持团结奋斗　　　　　　　　　　　　　　　/ 155

第九章
"老虎屁股要摸得"　　　　　　　　　　161
　　——群众才是真正的英雄

一、越是位高权重，越要受到严格管理监督　　　　/ 162

二、坚持从严从重，敢于去摸"老虎屁股"　　　　/ 166

三、靠老实吃饭，始终保持谦虚谨慎的态度　　　　/ 169

四、敢于负责、敢于斗争、敢字当头　　　　　　　/ 172

◆ 第四篇　胸怀天下 ◆

第十章
"防止三人成虎"　　　　　　　　　　　180
　　——让希望的阳光照亮人类

一、推动建设新型国际关系　　　　　　　　　　　/ 181

二、努力构建人类命运共同体　　　　　　　　　　/ 185

三、推动构建网络空间命运共同体　　　　　　　　/ 188

四、共同构建地球生命共同体　　　　　　　　　　/ 193

第十一章
"气吞万里如虎"　　　　　　　　　　　199
　　——脚踏人间正道，何惧世事沧桑

一、虎虎生威的雄风　　　　　　　　　　　　　　/ 199

二、生龙活虎的干劲 / 203

三、捉虎擒蛟的本领 / 207

四、众虎同心的力量 / 211

第十二章
"松风一起知虎来" 217
—— 防范和化解各种重大风险

一、既要有远见，也要有预见 / 218

二、坚持底线思维，增强忧患意识 / 219

三、见微知著，防微杜渐 / 224

四、不谋全局者，不足谋一域 / 230

后　记 / 236

第一篇

非凡成就

第一章　"明知山有虎,偏向虎山行"
　　　　——空谈误国,实干兴邦

第二章　"'老虎''苍蝇'一起打"
　　　　——激浊扬清为第一要义

第三章　"不能让制度成为纸老虎"
　　　　——制度的生命在于执行

第一章
"明知山有虎，偏向虎山行"
——空谈误国，实干兴邦

2014年4月1日，习近平主席在布鲁日欧洲学院发表重要演讲指出："我们的先人早就提出了'天行健，君子以自强不息'的思想，强调要'苟日新，日日新，又日新'。在激烈的国际竞争中前行，就如同逆水行舟，不进则退。改革是由问题倒逼而产生，又在不断解决问题中而深化。我们强调，改革开放只有进行时、没有完成时。中国已经进入改革的深水区，需要解决的都是难啃的硬骨头，这个时候需要'明知山有虎，偏向虎山行'的勇气，不断把改革推向前进。"[①]

"明知山有虎，偏向虎山行"这句谚语有人认为其出自清代纪昀的《阅微草堂笔记》，民间亦有人认为其出自中国古典文学名著《水浒传》第二十三回：横海郡柴进留宾，景阳冈武松打虎。意思是明明知道山上有老虎，还偏要上山。后引申为明知做某件事情有困难，而为了做好这件事却偏要去尝试、奋斗的含义，表达了一种不畏艰险、勇往直前，不畏困难、挑战自我的拼搏精神。党的十八大以来，以习近平同志为核心的党中央从人民群众普遍关注、反映强烈、反复出现的问题

---

① 习近平：《论坚持推动构建人类命运共同体》，中央文献出版社2018年版，第100—101页。

出发，拿出更多改革创新举措，把就业、教育、医疗、社保、住房、养老、食品安全、生态环境、社会治安等问题一个一个解决好……以实干担当夯实共产党人的精神坐标，让人民群众获得感成色更足、幸福感更可持续、安全感更有保障。

一、惟改革创新者胜

惟改革者进，惟创新者强，惟改革创新者胜。一个站在时代前列、带领人民前进的党，必然是勇于改革、开拓进取的党。执政党自身的与时俱进、勇于变革，不仅是我们党永葆生机的源泉，更是中国社会进步的前提。

新中国成立初期，我国工业基础十分薄弱，只有采矿业、纺织业和简单加工业，大量工业产品依赖进口。"现在我们能造什么？能造桌子椅子，能造茶碗茶壶，能种粮食，还能磨成面粉，还能造纸，但是，一辆汽车、一架飞机、一辆坦克、一辆拖拉机都不能造。"[①]毛泽东这番话，真实地反映了当时中国的发展状况。一个经济极端落后的大国怎样建设社会主义，对中国共产党和中国人民来说，是一个全新的课题。在没有任何建设经验，严重缺少资金、技术和人才，而搞建设的外部环境十分恶劣的情况下，我们党充分认识到中国的土地改革、对资本主义工商业的改造、对旧时代知识分子的政策、对民主党派的政策等，与苏联完全不同。积极探索并创造了具有中国特色的社会主义改造道路，迅速荡涤旧社会的污泥浊水，恢复国民经济，建立起社会主义基本经济制度和政治制度，为我国的发展奠定了根本政治前提和制度基础。

1956年6月14日下午四时，在外人眼中一向不苟言笑的著名翻译家傅雷在给儿子的信中写下了一段激情四溢的文字："亲爱的孩子：我

---

① 《毛泽东文集》第六卷，人民出版社1999年版，第329页。

六月二日去安徽参观了淮南煤矿、佛子岭水库、梅山水库,到十二日方回上海……祖国的建设,安徽人民那种急起直追的勇猛精神,叫人真兴奋。淮南煤矿的新式设备,应有尽有:地下三百三十公尺深的隧道,跟国外地道车的隧道相仿,升降有电梯,隧道内有电车,开采的煤用皮带拖到井上,直接装火车。原始、落后、手工业式的矿场,在解放以后的六七年中,一变而为赶上世界水平的现代化矿场,怎能不叫人说是奇迹呢?"①素以措辞严谨著称的傅雷,竟然用了"奇迹"二字,来表达参观大规模社会主义建设的火热场景后热血沸腾的感受,可以说代表了那个激情燃烧的岁月里亿万中国人民为了跳出"贫困陷阱"、满腔热血建设新中国的真情实感。一系列的伟大成就有力回应了"共产党军事100分,政治80分,经济0分"的质疑。

1978年12月,面对十年内乱导致的严重局面:社会动荡、经济凋敝、科技落后、人民贫困、国家建设百业待兴。而这个时候的世界在大步前进,以信息技术、新材料、新能源和生物技术为代表的科技成果层出不穷,极大地改变了传统的生产和生活方式。在党和国家面临何去何从的重大历史关头,邓小平清醒地认识到,"我们过去固守成规,关起门来搞建设,搞了好多年,导致的结果不好。经济建设也在逐步发展,也搞了一些东西","但总的来说,很长时间处于缓慢发展和停滞的状态,人民的生活还是贫困"。②我们党清醒地认识到,要摆脱困境,必须把工作重点转到以经济建设为中心上来,实行改革开放,解放和发展生产力。在邓小平的推动和领导下,党的十一届三中全会冲破长期"左"的错误的严重束缚,果断结束"以阶级斗争为纲",重新确立了马克思主义的思想路线、政治路线、组织路线,拉开了改革开

---

① 参见《第一个五年计划:工业化建设扬帆起航》,《光明日报》2021年2月24日。
②《邓小平文选》第三卷,人民出版社1993年版,第223页。

放的大幕。通过深化改革和扩大开放走出一条中国特色社会主义道路，推动生产力发展取得了举世瞩目的成就。

没有改革开放，就没有今天的中国。坚持全面深化改革，是习近平新时代中国特色社会主义思想的重要组成部分，是统筹推进"五位一体"总体布局和协调推进"四个全面"战略布局的重大举措。党的十八大以来，以习近平同志为核心的党中央举旗定向、谋篇布局，以前所未有的决心和力度开启了全面深化改革、系统整体设计推进改革的新时代。加强改革顶层设计，敢于突进深水区，敢于啃硬骨头，敢于涉险滩，敢于面对新矛盾新挑战，冲破思想观念束缚，突破利益固化藩篱，坚决破除各方面体制机制弊端，各领域基础性制度框架基本建立，许多领域实现历史性变革、系统性重塑、整体性重构，新一轮党和国家机构改革全面完成，中国特色社会主义制度更加成熟更加定型，国家治理体系和治理能力现代化水平明显提高。①

2013年11月，党的十八届三中全会通过《中共中央关于全面深化改革若干重大问题的决定》，正式拉开了全面深化改革的大幕。党的十八届三中全会后，中央成立全面深化改革领导小组，习近平总书记亲任组长，我们党第一次在中央层面有了专司改革工作的决策议事协调机构，全面深化改革有了"顶层设计"。2014年5月20日，天津滨海新区行政审批局成立，之前分散在18个委办局的216项行政审批事项集中到一起，109枚审批专用章也简化为一个章。109枚红色的公章，整整齐齐被封存在长方形的透明玻璃箱内。这些被国家博物馆永久收藏的印章，成为新时代简政放权的生动见证。2015年9月22日，在

---

① 习近平：《高举中国特色社会主义伟大旗帜 为全面建设社会主义现代化国家而团结奋斗——在中国共产党第二十次全国代表大会上的报告》，人民出版社2022年版，第9页。

华盛顿州当地政府和美国友好团体联合欢迎宴会上发表演讲时,习近平主席强调指出:"中国发展的根本出路在于改革。""我们将以敢于啃硬骨头、敢于涉险滩的决心,义无反顾推进改革。"党的十八届五中全会明确提出"创新、协调、绿色、开放、共享"五大发展理念,突出创新的动力作用,把创新摆在国家发展全局的核心位置,让创新贯穿党和国家一切工作。党的十九届六中全会在全面分析和系统梳理党的百年奋斗重大成就和历史经验的基础上,将"坚持开拓创新"确立为中国共产党百年奋斗的十条宝贵经验之一,揭示了百年来党取得重大成就的活力密码。党的二十大报告进一步指出,必须坚持科技是第一生产力、人才是第一资源、创新是第一动力,深入实施科教兴国战略、人才强国战略、创新驱动发展战略,开辟发展新领域新赛道,不断塑造发展新动能新优势。

 **延伸阅读**

从农村改革到城市改革

中国的改革始于农村,农村的改革始于安徽。1978 年 11 月 24 日晚,安徽凤阳小岗村的严宏昌等 18 户农民,勇于打破旧的生产关系束缚,实行家庭联产承包责任制,从此揭开了中国农村改革的序幕。农村改革的成功增加了改革开放的自信,农村改革的经验被运用到城市,又开启了以城市为重点的全面经济改革,此后经济改革带动了其他各个领域的改革。① 2016 年 4 月,习近平总书记来到安徽凤阳小岗村"当

---

① 黄相怀等:《不忘初心:中国共产党为什么能永葆朝气》,中国人民大学出版社 2018 年版,第 127 页。

年农家"院落,了解当年村民按下红手印、签订大包干契约的情景,感慨道:"当年贴着身家性命干的事,变成中国改革的一声惊雷,成为中国改革的标志。"

党的十八大后,习近平总书记首次赴地方考察就选择了广东。2018年10月,改革开放40周年之际,他再赴广东。在深圳,他参观了广东改革开放40周年展览,在一块写着"时间就是金钱,效率就是生命"的标语前,他驻足交流良久,坚定地说:"再一次来到深圳,再次来到广东,我们就是要在这里向世界宣示:中国改革开放永不停步!下一个40年的中国,定当有让世界刮目相看的新成就!"

2018年12月18日,习近平总书记在庆祝改革开放40周年大会上强调:"改革开放铸就的伟大改革开放精神,极大丰富了民族精神内涵,成为当代中国人民最鲜明的精神标识!"

党和国家机构职能体系是中国特色社会主义制度的重要组成部分,是我们党治国理政的重要保障。党的十九届三中全会决定,全面深化党和国家机构改革。习近平总书记亲自担任文件起草组组长,直接领导《深化党和国家机构改革方案》制定。根据改革方案,中央全面深化改革领导小组改为中央全面深化改革委员会。截至2022年9月6日,累计召开67次"深改会",出台实施了一大批重大改革举措,啃的都是"硬骨头"。十年来,习近平总书记始终站在改革第一线,以前所未有的决心和力度推进全面深化改革,指引改革航程,确保改革开放始终沿着正确方向前进。坚持各项改革协调推进,坚持系统性、整体性、协同性,力度不减、步伐不变,踔厉奋发、笃行不怠,一项项改革举措,逐一得到落实。2021年,我国国内生产总值比上年增长8.1%、经济增速在全球主要经济体中名列前茅,经济总量超过110万亿元、稳居世界第二,实现了"十四五"的良好开局。据国家统计局消息,初

步核算，2022年上半年国内生产总值562642亿元，按不变价格计算，同比增长2.5%。分产业看，第一产业增加值29137亿元，同比增长5.0%；第二产业增加值228636亿元，增长3.2%；第三产业增加值304868亿元，增长1.8%。① 在俄乌爆发冲突、大宗商品价格上涨、国内疫情近期多发等数重考验之下，这个成绩委实"来之不易"。

大河奔流开新路，层峦竦峙争高峰。改革开放是前无古人的崭新事业，也是一场深刻革命。它不仅是决定当代中国命运的关键一招，也是决定实现"两个一百年"奋斗目标、实现中华民族伟大复兴的关键一招。通过不断改革创新，提高了我们党的韧性，为我们党远离教条主义、成功应对挑战、永远走在时代前列注入了强大活力。

走过千山万水，仍需跋山涉水。处于船到中流浪更急、人到半山路更陡的紧要关头，到了愈进愈难、愈进愈险而又不进则退、非进不可的关键时刻，破解发展中面临的难题、化解来自各方面的风险挑战，推动经济社会持续健康发展，我们不仅要保持"行百里者半九十"的清醒，更需坚定"不破楼兰终不还"的决心，除了深化改革，别无他途。

二、真刀真枪干，解决矛盾困难

马克思说："一步实际运动要比一打纲领更为重要。"② 邓小平也说过："世界上的事情都是干出来的，不干，半点马克思主义都没有。"③ 共产党人首先是实干家。一贯推崇实干，为群众做实事是习近平总书记始终不渝的信念，他时刻把老百姓的安危冷暖放在心上，以造福人民为最大政绩。

---

① 《2022年上半年国内生产总值562642亿元 同比增长2.5%》，人民网2022年7月15日。
② 《马克思恩格斯全集》第十九卷，人民出版社1963年版，第13页。
③ 参见《改革开放三十年重要文献选编》下，中央文献出版社2008年版，第1688页。

"不要人夸颜色好，只留清气满乾坤。"在梁家河插队期间成为大队党支部书记后，习近平同志做的第一件事就是带领社员们在村里的沟口打了一个淤地坝。打坝期间，他不仅在第一线指挥，也在第一线劳动。铲土、打夯、搬大块石头砌堤围，"白加黑""五加二"，付出了全部热情和精力。时间过去数十年，当年打造的大坝依然造福着那里的百姓。从插队起初闯过"跳蚤关、饮食关、劳动关、思想关"的青年学生到挣10个工分的壮劳力，从知青到大队党支部书记，习近平同志用汗水和辛劳努力改变着梁家河贫穷落后的旧面貌。筑淤地坝、打井灌溉这些切合梁家河当年实际情况的发展思路，无不印证着他务实的作风和崇尚实干的精神。①

1983年，习近平同志担任正定县委书记后不久，在他的提议下，正定县委出台了《中共正定县委关于改进领导作风的几项规定》，明确提出："一定要树立求实精神，抓实事，求实效，真刀真枪干一场。"② 在正定工作的1000多个日日夜夜，他的足迹遍及全县25个公社221个大队。

到了福州工作后，面对一些办事单位"门难进、脸难看、事难办"，几十趟路跑不下一个公章，"能办不办""该办不办""久拖不办"的当时常态，1990年，时任市委书记的习近平率先明确提出"马上就办"。从那时起，"首问责任制""限时办结制""全程代办制"等诸多着眼于"马上就办"的办事机制先后推出，坚持至今。

在浙江工作期间，习近平同志语重心长地告诫大家："抓而不紧，

---

① 参见北京大学创新理论研究院：《少年中国说：我读〈习近平谈治国理政〉》，中国少年儿童出版社2017年版，第12—13页。
② 《同呼吸才能心相印 习近平在正定工作期间坚持群众路线纪实》，《河北日报》2013年8月27日。

等于不抓；抓而不实，等于白抓。抓好落实，我们的事业就能充满生机；不抓落实，再好的蓝图也是空中楼阁。"① 同时明确指出："能否做到狠抓落实，是否善于狠抓落实，这是衡量领导干部作风、能力、水平的重要标志。""坚持立党为公、执政为民，说到底，就在于求真务实，狠抓落实。"② 要求广大党员干部坚持"实"字当头、"干"字为先，千方百计办好为民造福的事情，创造出经得起人民和历史检验的实绩。

在中国共产党成立一百周年这一重大的历史节点，习近平总书记在2021年中央党校（国家行政学院）中青年干部春季学期培训班开班式上，对"党和国家事业接班人"的年轻干部再三强调："一切工作都要往实里做、做出实效。"干事担事，是干部的职责所在，也是价值所在。担当和作为是一体的，不作为就是不担当，有作为就要有担当。做事总是有风险的，正因为有风险，才需要担当。事物往往就是这样，越怕事越容易出事，越想绕道走矛盾就越堵着道。相反，只有豁得出去、敢闯敢干，下定"明知山有虎，偏向虎山行"的决心，真刀真枪干，矛盾和困难才可能得到解决。

不驰于空想，不骛于虚声。为了便于广大年轻干部深入理解透彻怎样成为可堪大用能担重任的栋梁之才这一要求，习近平总书记专门举了当年他在福建工作时，针对福建作为林业大省、广大林农却守着"金山银山"过穷日子的状况，为解决产权归属不清等体制机制问题，推动实施林权制度改革的成功经典实例。习近平总书记说："当时，这项改革是有风险的，主要是上世纪80年代有些地方出现了乱砍滥伐的情况，中央暂停了分山到户工作。20多年过去了，还能不能分山到户，大家都拿不准。经过反复思考，我认为，林权改革关系老百姓切身利

---

① 习近平：《之江新语》，浙江人民出版社2007年版，第32页。
② 习近平：《之江新语》，浙江人民出版社2007年版，第32、33页。

益,这个问题不解决,矛盾总有一天会爆发,还是越早解决越好,况且经济发展了、农民生活水平提高了,乱砍滥伐因素减少了,只要政策制定得好、方法对头,风险是可控的。决心下定后,我们抓住'山要怎么分'、'树要怎么砍'、'钱从哪里来'、'单家独户怎么办'这4个难题深入调研、反复论证,推出了有针对性的改革举措,形成了全国第一个省级林改文件。2008年中央10号文件全面吸收了福建林改经验。"①跟广大学员回顾了这惊心动魄而又惊天动地的历史担当后,习近平总书记再次对大家谆谆教诲:做事要有魄力,为官要有担当。凡是有利于党和人民的事,我们就要事不避难、义不逃责,大胆地干、坚决地干,正所谓"苟利国家生死以,岂因祸福避趋之"。②

若干年后,曾在20世纪90年代初,在福州市委、福建省委与习近平同志一起共事的黄建兴在面对采访组时依然心潮澎湃:"习近平同志有这个胆量,首先来自他对形势的正确判断,来自他对土地政治属性的深刻理解,来自他的'民有所呼,我有所应'的历史担当。"③"当时,我们也为习近平同志捏一把汗,分山到户是敏感的政治问题,作为年轻的省级领导,敢冒这个风险,只能说完全是出于'人民的利益高于一切'的政治使命和情怀。十几年过去了,回想习近平同志在当时的社会背景下,敢于挑战新中国成立以来都没有解决的林地使用制度这个难题,足见他的胆略气魄和政治智慧。"④

30多年来,集体林权制度、"林长制"、生态文明试验区等改革举措以先试点后推广的方式在全国推进,"绿水青山就是金山银山"的理

---

① 习近平:《努力成为可堪大用能担重任的栋梁之才》,《求是》2022年第3期。
② 习近平:《努力成为可堪大用能担重任的栋梁之才》,《求是》2022年第3期。
③《习近平在福建》(下),中共中央党校出版社2021年版,第13页。
④《习近平在福建》(下),中共中央党校出版社2021年版,第14页。

念已成为指导改革实践的"金句"。2021年3月23日，正在福建考察的习近平总书记来到沙县农村产权交易中心，了解当地深化林权制度改革情况，对沙县这些年集体林权制度改革的积极探索表示肯定，并强调"尊重群众首创精神"，"坚持顶层设计和基层探索相统一"，"摸着石头过河的改革方法论没有过时，也不会过时"。

 延伸阅读

战天斗地，百折不挠

俗语云："温室里长不出参天大树，马厩里养不出千里马。"年纪稍长的同志都亲切地记得，1962年，我国发行第三套人民币，面值为一元的人民币纸币上，主图案是一位女拖拉机手，她的原型叫梁军，是新中国的第一位女拖拉机手。为什么梁军能够得此殊荣，仅仅因为她是第一个女拖拉机手吗？当然没有那么简单。

梁军于1930年出生在黑龙江省明水县乡村的一个穷苦农民家庭。1948年，她成了北安拖拉机训练班70多名学生中唯一的女学员，立志学会开拖拉机。结业考试时，梁军取得了良好的成绩，她不但学会了开拖拉机，而且还学会了简单的修理技术。1950年3月，梁军所在的学校举办了第一期拖拉机驾驶员学习班，受她的影响，又有11名女同学参加了学习班。学员毕业后，学校决定成立女子拖拉机队。1950年6月，学校举行了隆重的命名仪式，宣布以梁军的名字命名的新中国第一支女子拖拉机队成立，梁军任队长。这支小小的拖拉机队，全力投入了开发北大荒的战斗。在那段极端艰苦的日子里，她们每天工作12个小时，为了节约时间多垦荒地，她们晚上不回宿舍，就在野地用蒿草搭起窝棚住。深夜，野兽在窝棚周围嗥叫，蚊虫在周遭飞舞，姑娘们就唱着歌鼓舞自己的斗志。赶上大雨天，地里泥泞不堪，有时拖拉

机陷进一人多深的泥土里，她们想方设法将它开出来，继续忘我地工作。"梁军女子拖拉机队"成立的头一年，11名队员、3部拖拉机就开出新荒3400亩，播种1950亩小麦，收获15000多公斤粮食。开发北大荒，是新中国成立后向大自然开战、向贫困开战的一次壮举。①

正是因为在开发北大荒的创业中真下苦功，舍得用力，真刀真枪解决问题，作出突出贡献，梁军才获得登上人民币画面的殊荣，并被评为全国劳动模范。半个世纪来，几代拓荒人承受了难以想象的艰难困苦，战天斗地，百折不挠，用火热的激情、青春和汗水把人生道路上的句号画在了祖国边陲那曾经荒芜凄凉的土地上，献了青春献终身，献了终身献子孙，锻造出"艰苦奋斗、勇于开拓、顾全大局、无私奉献"的北大荒精神，在全国产生了广泛而深远的影响，成为全国人民共同拥有的一笔宝贵的精神财富，成为推动我国经济发展和社会进步的强大动力。

三、继续发扬担当和斗争精神

敢于斗争、敢于胜利，是党和人民不可战胜的强大精神力量。党和人民取得的一切成就，不是天上掉下来的，不是别人恩赐的，而是通过不断斗争取得的。100多年来，一代又一代中国共产党人不怕牺牲、英勇斗争，一路走来，多少枪林弹雨，多少壮怀激烈，多少坚定前行……我们党在内忧外患中诞生、在历经磨难中成长、在攻坚克难中壮大。毛泽东慨言："从古以来，中国没有一个集团，像共产党一样，不惜牺牲一切，牺牲多少人，干这样的大事。"② 在庆祝中国共产党成立100周年大会上，习近平总书记浓缩百年奋斗，揭示历史真谛，为我们鲜明提出了伟大建党精神。其中，"不怕牺牲、英勇斗争"从精神层面

---

① 参见王均伟：《信仰永恒：中国共产党人的故事》，江西人民出版社2012年版，第70页。
②《毛泽东文集》第三卷，人民出版社1996年版，第292页。

揭示了我们党意志坚强、不可战胜的强大力量。《中共中央关于党的百年奋斗重大成就和历史经验的决议》明确将"坚持敢于斗争"作为党领导人民百年奋斗积累的十大宝贵历史经验之一,深刻揭示了我们党始终立于不败之地的力量源泉。

在中央党校(国家行政学院)2022年春季学期中青年干部培训班开班式上,习近平总书记更进一步强调,担当和斗争是一种精神、是一种责任、是一种格局。敢于负责才叫真担当、真斗争。党员干部特别是领导干部要心怀"国之大者",发扬历史主动精神,时刻站在全局和战略的高度想问题、办事情,在机遇面前主动出击,不犹豫、不观望;在困难面前迎难而上,不推诿、不逃避;在风险面前积极应对,不畏缩、不躲闪。只有全党继续发扬担当和斗争精神,才能实现中华民族伟大复兴的宏伟目标。党的二十大报告提出:"全党同志务必不忘初心、牢记使命,务必谦虚谨慎、艰苦奋斗,务必敢于斗争、善于斗争,坚定历史自信,增强历史主动,谱写新时代中国特色社会主义更加绚丽的华章。"从1949年3月,毛泽东在党的七届二中全会上提出"两个务必",为"进京赶考"的中国共产党人提供重要精神引领,到今天在向着第二个百年奋斗目标进军的关键时刻,习近平总书记提出"三个务必"这一伟大号召,不仅充分彰显了百年大党坚定的战略自信和高度的战略清醒,更充分体现了新时代中国共产党人强烈的历史自觉和责任担当。

困难是检验领导干部有没有担当和斗争精神、是不是敢于负责的试金石。干事创业,不可能一直顺风顺水,总会碰到这样那样的困难,比如实践遇到的新问题、改革发展稳定存在的深层次问题、人民群众急难愁盼问题、国际变局中的重大问题、党的建设面临的突出问题等,有不少难啃的硬骨头。推诿和逃避,不仅不能解决问题,反而会让问题越来越多、越来越复杂。2013年6月28日,习近平总书记在全国组织工作会议上，引用了金代大诗人元好问所写的《四哀诗·李钦叔》中一句古诗："为官避事平生耻"，告诫广大党员干部不能只想当官不想干事，只想出彩不想出力，只想揽权不想担责，要以为官一任就要造福一方的责任感直面工作中的困难，敢于啃硬骨头，发扬钉钉子精神，一步步解决难题。凡是有利于党和人民的事，就要事不避难、义不逃责，大胆地干、坚决地干，在攻坚克难中打开工作新局面。

习近平总书记曾举过黄克诚在中央纪委工作时提出抓党风要"不怕撕破脸皮"的例子。1978年12月召开的党的十一届三中全会选举产生了中央纪律检查委员会，陈云为第一书记，黄克诚为常务书记。1980年1月，主持总参工作的杨勇为欢送调离总参的李达、张才千，欢迎调来总参工作的张震，在京西宾馆请他们吃饭，一共花去400元。有人举报了这事，黄克诚知晓后，并没有因为杨勇、张震是其老部下且事情不大而放宽要求，而是严肃地批评了这一做法，并指示："要查，涉及天王老子都要查，不仅要查，还要处理，谁出的主意谁出钱。"听说黄克诚要严查这件事，杨勇认为是小题大做，心生不快。为此，黄克诚给杨勇打电话，说："你官做大了，老虎屁股摸不得……"杨勇放下电话后，赶到黄克诚那里，说："不用查了，是我的主意。"随后，杨勇从自己的工资里拿出400元补上饭钱，并作了检讨。

1980年10月，时任商业部部长王磊等人到丰泽园饭庄请客吃饭，结账时少付了钱。丰泽园一位年轻厨师给中纪委写信，揭发了这件事。中纪委立即派人调查，发现情况属实。根据黄克诚的指示，中纪委向全党发出通报，批评了这种不正之风，《人民日报》还发了报道，此事在高级干部中引起震动。① 黄克诚的铁面无私，铸就了其勇于担当、敢于斗争。

---

① 参见《黄克诚传》编写组：《永不褪色的"金色名片"（6）黄克诚抓党风"不怕撕破脸皮"》，七一网 2021年5月12日。

空谈误国、实干兴邦。习近平总书记还屡屡对领导干部讲过两晋学士"虚谈废务"的典故，一再强调要深刻汲取其中的历史教训。

延伸阅读

两晋学士虚谈废务

"虚谈废务"的典故出自南朝宋著名文学家刘义庆的《世说新语·言语》："夏禹勤王，手足胼胝；文王旰食，日不暇给。今四郊多垒，宜人人自效，而虚谈废务，浮文妨要，恐非当今所宜。"意即大禹勤勉于国事，四处奔忙致使手足长满了老茧；周文王早晚勤政，无暇吃饭，总感到时间不够用。现在强敌环伺，人人都应自觉为国效力，如果一味空谈而不付诸实践行动，就会荒废正事，恐怕不合时宜。南朝长期偏安江南一隅，致使国家分裂长达数百年之久，与当时清谈之风密切相关。

当时，西晋有一个崇尚清谈之风的代表人物王衍。他长得风姿绰约，举止亦有风度，喜好老庄学说，辩论时口若悬河、辞藻华丽。他自视甚高，时常以孔子的弟子子贡而自诩。王衍以清谈名士进身三公，先后担任中书令、尚书令、司徒、司空、太尉等职，借助清谈沽名钓誉、身居宰相高位。①

西晋末年，羯族首领石勒起兵进犯洛阳，王衍作为太尉随军前去讨伐，结果兵败被俘。石勒问他西晋溃败的原因，他百般为自己开脱，说自己从年少时就不参与政事。石勒斥责他：你名盖四海，身居重任，少壮登朝，至于白首，怎么能说没参与朝廷政务，"破坏天下，正是君罪"。后来，王衍被石勒派人杀死，王衍临死前哀叹，如果自己平时不

---

① 参见李润强：《汲取两晋学士"虚谈废务"的历史教训》，《旗帜》2019年第11期。

是追求虚浮，而是努力做事，也不至于酿成今日之悲剧。①只可惜悔之晚矣！后东晋名将桓温北伐进兵，眺望中原，感慨万千："遂使神州陆沉，百年丘墟，王夷甫（衍）诸人，不得不任其责！"至明末清初，著名思想家顾炎武进而提出"清谈误国"，将"虚谈废务"危害上升到事关国家安危之高度。

对此，习近平总书记一针见血地指出：现实中，此类夸夸其谈、不干实事的人也很多。比如，有的唱功好、做功差，工作落实在口号上，决心停留在嘴巴上；有的摆花架子、做表面文章，应景造势、敷衍应付；有的消极懈怠、得过且过，上面推一推才动一动，不推就不作为；更有的有令不行、有禁不止，甚至欺上瞒下、弄虚作假。一些地方在疫情防控、抗击自然灾害、生态环境保护、安全生产等方面出现这样那样的问题，核查下来，其中一个重要原因就是一些干部作风不务实、工作不扎实、责任不落实。②从而谆谆告诫广大党员干部，"担当作为就要真抓实干、埋头苦干，决不能坐而论道、光说不练"③。

在党的十九届六中全会第二次全体会议上，习近平总书记再次提醒广大党员干部："在重大风险、强大对手面前，总想过太平日子、不想斗争是不切实际的，得'软骨病'、患'恐惧症'是无济于事的。'善战者，立于不败之地，而不失敌之败也。'唯有主动迎战、坚决斗争才有生路出路，才能赢得尊严、求得发展，逃避退缩、妥协退让只会招致失败和屈辱，只能是死路一条。"④进入新时代，我们将面临越来越复杂的风险考验，唯有发扬斗争精神，把握斗争方向，坚定斗争意志，掌握斗

---

① 参见习近平：《努力成为可堪大用能担重任的栋梁之才》，《求是》2022年第3期。
② 习近平：《努力成为可堪大用能担重任的栋梁之才》，《求是》2022年第3期。
③ 习近平：《努力成为可堪大用能担重任的栋梁之才》，《求是》2022年第3期。
④ 习近平：《以史为鉴、开创未来 埋头苦干、勇毅前行》，《求是》2022年第1期。

争规律,加强斗争精神和斗争本领养成,着力增强防风险、迎挑战、抗打压能力,做起而行之的行动者、不做坐而论道的清谈客,当攻坚克难的奋斗者、不当怕见风雨的泥菩萨,才能有效应对重大挑战、抵御重大风险、克服重大阻力、解决重大矛盾,战胜一切险阻,防止各类"黑天鹅""灰犀牛"事件发生,不断夺取新时代伟大斗争的新胜利。

四、在疫情防控一线践行初心使命

2020年9月8日上午,全国抗击新冠肺炎疫情表彰大会在北京人民大会堂隆重举行。习近平总书记向国家勋章和国家荣誉称号获得者颁授勋章奖章并发表重要讲话指出:"在这场同严重疫情的殊死较量中,中国人民和中华民族以敢于斗争、敢于胜利的大无畏气概,铸就了生命至上、举国同心、舍生忘死、尊重科学、命运与共的伟大抗疫精神。"其中,生命至上,集中体现了中国人民深厚的仁爱传统和中国共产党人以人民为中心的价值追求;举国同心,集中体现了中国人民万众一心、同甘共苦的团结伟力;舍生忘死,集中体现了中国人民敢于压倒一切困难而不被任何困难所压倒的顽强意志;尊重科学,集中体现了中国人民求真务实、开拓创新的实践品格;命运与共,集中体现了中国人民和衷共济、爱好和平的道义担当。

面对突如其来的新冠肺炎疫情,我们坚持人民至上、生命至上,坚持外防输入、内防反弹,坚持动态清零不动摇,开展抗击疫情人民战争、总体战、阻击战,最大限度保护了人民生命安全和身体健康,统筹疫情防控和经济社会发展取得重大积极成果。① 自疫情防控以来,

---

① 习近平:《高举中国特色社会主义伟大旗帜 为全面建设社会主义现代化国家而团结奋斗——在中国共产党第二十次全国代表大会上的报告》,人民出版社2022年版,第3页。

习近平总书记发表了一系列重要讲话、批示指示精神,"采取更加有效措施,努力用最小的代价实现最大的防控效果,最大限度减少疫情对经济社会发展的影响"……贯穿其中的一条红线,就是坚持"人民至上、生命至上"的至深至诚人民情怀,在政治上真正坚持以人民为中心,在感情上真正把人民放在心中最高位置。在"七一勋章"颁授仪式上,他再次指出:"坚定信念,就是坚持不忘初心、不移其志,以坚忍执着的理想信念,以对党和人民的赤胆忠心,把对党和人民的忠诚和热爱牢记在心目中、落实在行动上,为党和人民事业奉献自己的一切乃至宝贵生命,为党的理想信念顽强奋斗、不懈奋斗。"

与疫情作斗争,既是物质的角力,也是精神的对垒;既是实力的较量,也是意志的比拼。面对疫情,各条战线的抗疫勇士临危不惧、视死如归,坚定必胜之心汇聚磅礴力量,压实责任之心集聚担当力量,笃定仁爱之心增强服务群众能力,恪守谨慎之心防范重大风险[①],以生命赴使命,将战场变"考场",用大爱护众生,在疫情防控一线中践行着初心使命。他们中间,有把生的希望留给他人而自己错过救治的医院院长,有永远无法向妻子兑现婚礼承诺的丈夫,也有牺牲在救治岗位留下幼小孩子的妈妈……他们用"明知山有虎,偏向虎山行"的壮举,书写下可歌可泣、荡气回肠的壮丽篇章!

"国家有难,我们不能袖手旁观。支援武汉火神山医院建设,敢不敢去?"2020年1月26日,也就是大年初二的晚上,刘刚在山东省潍坊市昌乐县建筑微信群里发起倡议。短短十几分钟,就有四人响应。

刘刚和孙志远第一时间获得家人支持,田志阳则选择了隐瞒。"家里还有老母亲,我直接没敢提,就怕她问东问西",田志阳说。临行前,

---

① 甘守义:《践行"四心"交出合格答卷》,《人民日报》2020年4月9日。

他把银行卡、车钥匙交代给妻子,还在家中悄悄留下了遗嘱。"如果我有个万一,就让我儿子朝着武汉的方向磕个头就行,不用为我难过",田志阳眼神坚定,"出来就是抱着拼死的决心和必胜的信心,疫情不除,我不回家"。①

武汉疫情肆虐之时,钟南山院士建议大家:"没有特殊情况,不要去武汉。"然而他自己却义无反顾地坐上了去武汉的列车。那时,他是一位80多岁的老人,更是一位为国为民的战士。

其实,不仅是"非典"、新冠肺炎疫情,还有甲流、禽流感、中东呼吸综合征……这些年来,无论是哪一场战疫,都有钟南山院士奋战第一线与病毒殊死较量的身影。

2003年,在抗击"非典"战疫中,为抢救患者,当时67岁的钟南山冲在防疫的第一线,曾连续38个小时不眠不休,同事们说:"他这是在拼命!"他说:"把重病人都送到我这里来!""这里就是'战场',我们就是'扫雷班'。现在要'排雷','扫雷班'不干谁干?"

2020年,面对新冠肺炎疫情,已84岁高龄的钟南山临危受命出任国家卫健委高级别专家组组长,再次冲到防疫最前线。辗转奔波,实地了解疫情、研究防控方案、救治危重患者、制订防治指南、组织科研攻关、向公众解读疫情稳定人心、向国际社会介绍中国成功的抗疫经验……每天的工作和行程安排得满满当当,没有完整地休息过一天。他说:"国家的这件事情非常重要,国家需要我们去,我们必须今天就去。"

最美奋斗者、改革先锋、"共和国勋章"获得者……这些年来,无论获得多少荣誉称号、顶着多少光环,钟南山最看重的始终是他的医

---

① 参见《青听丨武汉我想对你说:相隔两地,我们用爱穿越距离》,共青团中央百家号2020年2月13日。

者身份。他始终将人民群众的生命安全和身体健康放在第一位。

入党57年，他一直敢医敢言，勇于担当，以实际行动诠释了"人民至上、生命至上"的理念，践行一名医者共产党员的铮铮誓言。在"非典"和新冠肺炎疫情防控中，他提出的防控策略和防治措施挽救了无数生命，极大地缓解了民众的恐慌情绪。

在祖国和人民需要的时候，他以"忠心"彰显"初心"；在医学禁区里，他勇当逆行者，率队攻坚克难；当患者需要他的时候，他把人民的生命看得重于泰山。

"我是党员，也是医生。健康所系、性命相托是我们的初心；保障人民群众性的身体健康和生命安全是我们的使命。"作为9000多万名党员中的一分子，钟南山院士重述了自己朴实的初心。①

疫情猛如虎，偏向虎山行。中华民族能够经历无数灾厄仍不断发展壮大，从来都不是因为有救世主，而是因为在大灾大难前有千千万万个普通人挺身而出、慷慨前行！从"90后""00后"青年一代到古稀老人，从白衣天使到人民子弟兵，从科研人员到社区工作者，勠力同心、并肩作战，坚决同一切歪曲、怀疑、否定我国防疫政策的言行作斗争，以涓滴之力筑起了人民战争的铜墙铁壁。国家有难，匹夫有责，这是刻在中国人骨子里的热血和担当！

我们坚信：只要坚持人民至上、生命至上，坚持外防输入、内防反弹，坚持动态清零不动摇，开展抗击疫情人民战争、总体战、阻击战，就一定能够战胜疫情，最大限度保护人民生命安全和身体健康，统筹疫情防控和经济社会发展取得重大积极成果。

---

① 参见《钟南山：我是党员，也是医生》，中国新闻网2021年7月1日。

能力提升

空谈误国，实干兴邦

2012年11月29日，党的十八大胜利闭幕刚刚半个月，习近平总书记在参观《复兴之路》展览时发表重要讲话指出："空谈误国，实干兴邦。我们这一代共产党人一定要承前启后、继往开来，把我们的党建设好，团结全体中华儿女把我们国家建设好，把我们民族发展好，继续朝着中华民族伟大复兴的目标奋勇前进。"①

"空谈误国，实干兴邦"源于明末清初著名思想家顾炎武的《日知录》，意思是说只泛泛而谈地讨论国家大事、不联系实际解决问题，会耽误国家的发展，只有脚踏实地、真抓实干，才能使国家兴旺发达。

"事实是真理的依据，实干是成就事业的必由之路。这也是'空谈误国，实干兴邦'的真谛。"②习近平总书记这样阐释。

2016年10月27日，党的十八届六中全会审议通过的《关于新形势下党内政治生活的若干准则》指出："党的各级组织和领导干部必须牢记空谈误国、实干兴邦，践行正确政绩观，发扬钉钉子精神，力戒空谈，察实情、出实招、办实事、求实效，做到守土尽责。"这为我们指明了努力方向。

首先，践行正确政绩观是基本遵循。习近平总书记指出，树立和践行正确政绩观，起决定性作用的是党性。广大党员干部谋划推进工作，要坚持为民造福这个最大政绩，从群众切身需要来考量，把好事实事做到群众心坎上。

---

① 《习近平谈治国理政》第一卷，外文出版社2018年版，第36页。
② 习近平：《在纪念邓小平同志诞辰110周年座谈会上的讲话》，《人民日报》2014年8月21日。

其次，发扬钉钉子精神是基础是关键。习近平总书记10年53次"下团组"提及次数最多的精神之一就是钉钉子精神。党员干部要把钉钉子精神作为一以贯之的工作作风和本领方法。既把握要点又以点带面，既因地制宜又勇于探索，既一抓到底又常抓不懈，既志存高远又脚踏实地，以昂扬向上、奋发进取的精神状态，推动各项方针政策和工作部署的落实。

最后，做到守土尽责是根本保障。在2018年7月3日至4日召开的全国组织工作会议上，习近平总书记指出："干部敢于担当作为，这既是政治品格，也是从政本分。"躬身笃行、干事担事，是领导干部的职责所在，也是价值所在。"踏平坎坷成大道，斗罢艰险又出发。"广大党员干部必须扛起自己的责任，磨砺和练就敢于负责的铁肩膀和真本领，以担当和斗争创造无愧于党和人民的业绩。

第二章
"'老虎''苍蝇'一起打"
—— 激浊扬清为第一要义

2013年1月22日,习近平总书记在十八届中央纪委二次全会上指出:"从严治党,惩治这一手决不能放松。要坚持'老虎'、'苍蝇'一起打,既坚决查处领导干部违纪违法案件,又切实解决发生在群众身边的不正之风和腐败问题。"这是以习近平同志为核心的党中央对反腐败斗争严峻复杂形势的清醒判断,体现了我们党肃清腐败毒瘤的坚定决心。可以说,"老虎""苍蝇"一起打,已经成为新时代全面从严治党和反腐败斗争的一条重要经验,也成了深入人心的铁腕反腐的一个重要标志。

"诚欲正朝廷以正百官,当以激浊扬清为第一要义。"2006年1月24日,习近平同志在浙江省委办公厅系统总结表彰会上发表讲话时引用了明末清初顾炎武《与公肃甥书》中的这句话。一个月后,在《浙江日报》"之江新语"专栏,他又发表《激浊扬清正字当头》一文再次引用了这句话。意为要兴国安邦正百官,首先必须除恶扬善,扶正祛邪,弘扬正气。[①] "激"浊"扬"清一说,用的是两个带有鲜明情绪色彩的动词。与不良风气与恶势力作斗争,绝不是吹吹风、挠挠痒,必

[①] 参见习近平:《干在实处 走在前列——推进浙江新发展的思考与实践》,中共中央党校出版社2006年版,第554页。

须要有敢作敢为的勇气，一往无前的冲劲，舍我其谁的担当。在这个大是大非的问题上，是决不能当"鸵鸟"，也不能当"开明绅士"的。2012年新一届中央领导集体铁腕反腐，"老虎""苍蝇"一起打，是为"激浊"；践行八项规定，开展群众路线教育实践活动、"三严三实"专题教育活动、"不忘初心、牢记使命"主题教育活动、"党史学习教育"等，乃为"扬清"。

一、得罪千百人，不负十四亿

"天下何以治？得民心而已！天下何以乱？失民心而已！"在历史上，统治集团严重腐败导致人亡政息的例子俯拾皆是；纵览全球，执政党腐化堕落、脱离群众导致垮台的教训亦不胜枚举。"腐败问题对我们党的伤害最大"，若听任不正之风侵蚀党的肌体，"就有失去民心、丧失政权的危险"。

在十八届中央政治局第一次集体学习时，习近平总书记就紧紧盯住党内腐败问题："大量事实告诉我们，腐败问题越演越烈，最终必然会亡党亡国！我们要警醒啊！"在十八届中央纪委五次全会上，他再次发出"灵魂拷问"："是怕得罪成百上千的腐败分子，还是怕得罪十三亿人民？"[①] 正风肃纪、铁腕反腐，成为摆在全党面前的一道时代考题。

"得罪千百人，不负十四亿"，前后既各有侧重，又有机联系。其中，"得罪千百人"侧重体现了习近平总书记对腐败现象的深恶痛绝、对反腐肃贪的无畏无惧，"不负十四亿"则集中体现了习近平总书记以人民为中心的公仆情怀和思想境界。中国共产党为人民而生，因人民而兴。坚持人民至上是我们党百年奋斗的宝贵历史经验和成功密码。

[①] 中共中央文献研究室编：《习近平关于全面从严治党论述摘编》，中央文献出版社2016年版，第186页。

《中共中央关于党的百年奋斗重大成就和历史经验的决议》指出:"党的根基在人民、血脉在人民、力量在人民,人民是党执政兴国的最大底气。"这一理念贯穿党治国理政的全过程,体现了党全心全意为人民服务的根本宗旨。

以什么样的态度对待腐败、以什么样的行动破除腐败,决定着一个政党、一个政权的成败兴衰。不得罪腐败分子,就得罪全体人民。这是再明白不过的一笔政治账、人心向背账。对此,习近平总书记强调:"发现一起查处一起,发现多少查处多少,不定指标、上不封顶"①。凡腐必反,除恶务尽。在这场旨在赢得党心民心的硬仗面前,他举重若轻:"我看天塌不下来。"

1988年,习近平同志任福建宁德地委书记期间,曾清查干部违规私建住宅的问题。当时,宁德地区部分干部违规营建私房现象突出,侵占了良田耕地,占用了当时国家专用"三材"(钢材、木材、水泥)指标。一些人建了私房还占住公房,甚至买地卖地、建房卖房,从中牟取暴利。时任宁德地委办政研室副主任李金暄回忆:群众连一两包水泥都买不到,机关干部却可以拿这么多指标去建房,老百姓意见很大。习近平下定决心把清房问题作为惩治腐败的突破口。据1990年福建电视台新闻报道:到9月19日,全区已清退出公房1917户,相当于盖50套为一幢的宿舍楼40座,清退公房工作走在全省前列。②清房工作涉及几千人,在2003年央视《东方时空》采访中,面对记者"到底动还是不动,心里有没有掂量"的提问,《党建文汇》记载了当时习近平同志的回答:"我就问当时的一个纪委副书记,我说你觉得群众

---

① 中共中央文献研究室编:《习近平关于全面从严治党论述摘编》,中央文献出版社2016年版,第187页。

② 参见《追寻习近平总书记的初心·宁德篇》,共产党员网2017年3月22日。

意见大不大？他说大。是不是一个当前影响积极性最大的问题？他说是。我们将近 300 万人该得罪，还是这二三千人该得罪？他说那当然是宁肯得罪这二三千人。我说那咱们就干，要干就干成，义无反顾，开弓没有回头箭。"①

党的十八大以来，以习近平同志为核心的党中央深刻总结党的建设历史经验，以前所未有的勇气和定力推进全面从严治党，以"得罪千百人，不负十四亿"的使命担当"打虎""拍蝇""猎狐"，刹住了一些多年未刹住的歪风邪气，解决了许多长期没有解决的顽瘴痼疾，清除了党、国家、军队内部存在的严重隐患，管党治党宽松软状况得到根本扭转，探索出了依靠党的自我革命跳出历史周期率的成功路径。

"打虎"零容忍。在党史上，"老虎"指的是较大的贪污分子，"打老虎"则是指严肃惩处一些大贪污犯。从历史来看，"打老虎"始于新中国成立初期的"三反"运动。1951 年 12 月底，全国开展"三反"运动。1952 年 1 月 19 日召开的中央直属机关总党委扩大会议，首先宣布"三反"运动进入"打老虎"阶段。1 月 23 日，毛泽东批评了认为党的机关、宣传和文教机关、民众团体，用钱不多，必无大"老虎"的错误认识。1 月 25 日，毛泽东又指出，"三反"运动的第三阶段是组织精干力量搜捉大贪污分子，捉大、小"老虎"（1000 万元以上的为小"老虎"，1 亿元以上的为大"老虎"。当时的 1 万元相当于现在的 1 元）。随后，各地党委统一领导指挥"打虎"行动，研究"打虎"战术，掀起了轰轰烈烈的"打虎"运动。一些大贪污犯被严肃惩处。华北军区政治部一名副科长兼任电影院的经理后，两年多来贪污灯片费、包场费和盗卖公物所得共达 1.2669 亿多元（相当于现在 1.2 万多元）。1 月

---

① 参见习近平：《对腐败分子，不能养痈遗患》，《新京报》2014 年 8 月 9 日。

21日，这名副科长被开除党籍、撤销职务，交军法处严惩。到2月5日，仅华东军区就捉到大"老虎"108只、小"老虎"649只，搜出中小贪污分子9.7万多人。①党的十八大以来，我们坚持"打虎""拍蝇""猎狐"多管齐下，反腐败斗争取得压倒性胜利并全面巩固。仅2021年，中央纪委国家监委就立案审查调查中管干部63人。其中，严肃查处王富玉、周江勇、彭波等政治问题和经济问题交织的腐败案件，严查谢长军、尹家绪等靠企吃企、损公肥私的"蛀虫"，以及甘荣坤、杨福林、蒙永山、李文喜、孟祥等政法队伍中的害群之马。②不管是"政法虎""金融虎""电老虎""煤老虎""军老虎"还是"高龄虎"，在"无禁区、全覆盖、零容忍"的反腐败斗争中，谁也没有免罪的"丹书铁券"，谁也不是"铁帽子王"，退休也不是天然的保险箱。正如习近平总书记所说："哪有动不了的人？！"

"拍蝇"不手软。党坚持"老虎""苍蝇"一起打，既坚决查处领导干部违纪违法案件，又切实解决发生在群众身边的不正之风和腐败问题。比如，开展扶贫领域腐败和作风问题专项治理，深化整治民生领域腐败和作风问题，推进惩治涉黑涉恶腐败和"保护伞"常态化，加大整治群众身边腐败和作风问题力度，推动全面从严治党向基层延伸。如2020年以来，广西壮族自治区纪检监察机关加强贯彻落实习近平总书记关于打赢疫情阻击战、打赢脱贫攻坚战"两手抓"重要指示精神的政治监督，采取有效措施，推动全区扶贫领域腐败和作风问题专项治理工作取得新成效。仅2020年1—7月就查处扶贫领域腐败和作风问题4258件，处理5917人，给予党纪政务处分2283人；通报扶

---

① 刘学礼：《"打老虎"始于"三反"运动》，《人民日报》2015年1月6日。
② 参见《反腐败斗争取得压倒性胜利并全面巩固 不负十四亿》，《中国纪检监察报》2022年4月6日。

贫领域 326 批次 709 起典型案例。①

"猎狐"不止步。全国纪检监察机关坚持有逃必追、一追到底，连续多年组织开展"天网行动"，不管腐败分子逃到哪里，都要缉拿归案，让已经外逃的无处藏身，让企图外逃的丢掉幻想，让境外不能成为法外。2022 年初，潜逃境外 20 年的"百名红通人员"程三昌贪污案公开开庭审理。外逃前，程三昌历任河南省漯河市委书记、豫港（集团）有限公司董事长等职，2001 年 2 月逃往国外。2020 年 8 月，郑州市监委将该案移送检察机关审查起诉。检察机关提起公诉，提请适用缺席审判程序，以贪污罪追究程三昌刑事责任。2022 年 1 月 17 日，河南省郑州市中级人民法院公开宣判，对被告人程三昌以贪污罪判处有期徒刑十二年，并处罚金人民币五十万元；追缴程三昌贪污犯罪所得依法予以返还。程三昌案作为我国首起适用刑事缺席审判程序审理的外逃被告人贪污案，也成为党的十九大以来追逃追赃和法治建设的标志性案件。② 十九届中央纪委六次全会工作报告显示，"天网 2021"行动追回外逃人员 1273 人，其中"红通人员"22 人、监察对象 318 人，追回赃款 167.4 亿元。

"人民把权力交给我们，我们就必须以身许党许国、报党报国，该做的事就要做，该得罪的人就得得罪。"③ "我将无我，不负人民。"④ 言出必践，一诺千金。这些掷地有声的铿锵话语，充分展示了习近平总书记历史担当的原动力和果敢出击的深层考量。在 2022 年 10 月 17 日

---

① 参见《广西扶贫领域腐败和作风问题专项治理工作情况新闻发布会》，《广西日报》2020 年 8 月 28 日。
② 参见《从数据看全面从严治党一严到底》，《中国纪检监察报》2022 年 1 月 18 日。
③ 中共中央党史和文献研究院编：《习近平关于全面从严治党论述摘编（2021 年版）》，中央文献出版社 2021 年版，第 368 页。
④ 《习近平谈治国理政》第三卷，外文出版社 2020 年版，第 144 页。

下午党的二十大新闻中心举行的记者招待会上,中央纪委副书记、国家监委副主任肖培介绍,党的十八大以来,全国纪检监察机关共立案464.8万余件,其中,立案审查调查中管干部553人,处分厅局级干部2.5万多人、县处级干部18.2万多人。反腐败斗争取得压倒性胜利并全面巩固。十年来,我们正是通过深入推进全面从严治党,开展史无前例的反腐败斗争,以"得罪千百人、不负十四亿"的使命担当祛疴治乱,不敢腐、不能腐、不想腐一体推进,"打虎""拍蝇""猎狐"多管齐下,反腐败斗争取得压倒性胜利并全面巩固,消除了党、国家、军队内部存在的严重隐患,确保党和人民赋予的权力始终用来为人民谋幸福。

二、"老虎"要露头就打,"苍蝇"乱飞也要拍

十年磨一剑。党的十八大以来,党中央把全面从严治党纳入"四个全面"战略布局,取得了历史性、开创性成就,产生了全方位、深层次影响。在十九届中央纪委二次全会上,习近平总书记强调,"老虎"要露头就打,"苍蝇"乱飞也要拍。要推动全面从严治党向基层延伸,严厉整治发生在群众身边的腐败问题。相对于"远在天边"的"老虎","近在眼前"嗡嗡乱飞的"蝇贪",基层群众感受更为深切。要紧盯群众反映的突出问题,加大集中整治和督查督办力度,把全面从严治党覆盖到"最后一公里"。

"最后一公里",原意是指完成长途跋涉的最后一段里程,后被引申为完成一件事情最后的且是关键性的阶段。党的十八大以来,全面从严治党成效卓著。最近十年"打虎""拍蝇""猎狐"的成绩单,极大地显示出党中央反腐的决心和力度,也赢得了人民群众的极大支持和衷心拥护,反腐败斗争取得压倒性胜利并全面巩固。另一方面,全

面从严治党形势依然严峻复杂,切不可有任何松懈、沾沾自喜的想法。党的建设仍面临着比较突出的问题,如部分党员干部没有真正解决好理想信念的问题,不信马列信鬼神;一些基层党组织软弱涣散没有战斗力;有些党员看齐意识淡薄不能发挥先锋模范作用;某些领域微腐败仍然大量存在;形式主义、官僚主义呈现出新表现,四风问题"树倒根在"等。正基于此,推动全面从严治党向纵深发展,仍需拿出永远在路上的决心和逆水行舟决不松气的劲头。①

中央管党治党的决心和力度现在人们都能够感受得到,但对于基层涉黑腐败问题、干部不作为、群众办事难以及扶贫领域的腐败和作风问题,在有些地方,人民群众的反映还很强烈,群众身边的腐败问题还比较突出,这就是人们常说的"'老虎'好打,'苍蝇'难拍"。"老虎"毕竟目标大、影响大、太显眼,而"拍苍蝇"为什么难呢?

概括起来主要是:部分党组织、纪检监察部门对"拍苍蝇"重视不够,觉得"苍蝇"危害不大,打不打关系不大;全面从严治党没有很好延伸到基层,部分基层党组织没有履行好从严治党主体责任,没有运用好监督执纪"四种形态";对微腐败的查处力度不大,没有真正做到真管真严、长管长严,威慑力不大;微腐败的表现形式复杂多样,涉及的问题和人员比较多,且有些微腐败一时难以定性,客观上增加了查处的难度;防范和治理微腐败的体制机制不健全,致使从严治党的成效难以巩固。从现实生活看,"苍蝇"直接损害的是广大群众的切身利益,覆盖领域广,涉及群众多,看似小事情影响却很深远。在曝光的一些案例中,村支部书记伙同村里的会计鲸吞扶贫款,房产局的小科长贪污过亿巨款等,这些"苍蝇"若不真打严打,长此以往,势

---

① 参见《把全面从严治党覆盖到"最后一公里"——全面从严治党专家讲谈之六》,《湖北日报》2018年2月1日。

必会影响全面从严治党的成效和群众的认可度、支持度。

党的执政根基在基层,党的事业血脉在基层。基层党员干部的位置虽低,但若不作为、慢作为、乱作为,造成的危害却甚大,往往给群众带来"切肤之痛"。"凡是群众反映强烈的问题都要严肃认真对待,凡是损害群众利益的行为都要坚决纠正",这是习近平总书记对人民群众的庄严承诺。在基层腐败或者群众身边的腐败中,老百姓反映强烈的一个方面就是扶贫领域的腐败和作风问题,尤其是最近几年从中央到地方各级财政都加大了对扶贫领域的资金投入和拨付,大量的财政资金拨付到县、乡(镇)一级的扶贫以及农林牧畜等部门,在运用各类扶贫资金的时候,如果监管不到位,就很容易出现落实惠民政策和资金不到位、贪污侵占、截留骗取、吃拿卡要、优亲厚友等问题。老百姓对此意见很大,而且这种现象造成的社会影响极坏,影响党和政府的公信力。因此,对扶贫领域出现的上述现象,要从严惩处,无论是哪一级领导,只要碰到这条"高压线",就让他们付出沉重的代价,唯有如此,才能遏制住一些地方少数干部把扶贫资金当成"唐僧肉"、都想啃一口的现象。

扶贫领域的腐败现象需要疾风劲吹,基层涉黑腐败对当地的政治生态以及民心向背的破坏力也不容小觑。尤其是在一些矿产能源比较丰富的地区,因资源承包和利益分割所带来的各种地方黑恶势力和少数基层腐败官员的利益勾连,让当地群众深恶痛绝。一些地方的黑恶势力因为有当地的所谓"保护伞"撑腰,即使上面反腐轰轰烈烈,基层反腐的"肠梗阻"现象仍会出现,有些地方的黑恶势力分子甚至还天真地认为"天高皇帝远",打击黑恶势力、惩治腐败的劲风不会吹到他们头上。

比如,江西省九江市政协原党组成员、副厅级干部古小平等人为朱志模涉黑组织充当"保护伞"问题。2004年至2019年,以瑞昌市码头镇朱湖村党支部原书记朱志模等人为首的涉黑组织,长期把持基层组织，盘踞朱湖村附近长江水域，疯狂采砂并通过成立巡逻队驱赶外来采砂船、强迫交易等方式，非法控制周边采砂行业，仅依托其中一个砂石经营站4年时间就非法获利2000余万元，严重破坏长江流域的生态环境。2010年至2014年，古小平在担任瑞昌市市长、市委书记期间，收受贿赂，默许纵容朱志模等人大肆非法采砂。在朱志模的采砂船和设备被有关部门扣押后协调退还，并为其说情抹案、站台撑腰，帮助承揽工程项目。瑞昌市采砂管理局原局长张绪平等人收受贿赂，明知朱志模实施违法犯罪活动，仍在采砂许可证办理等方面提供帮助，并多次通风报信、助其逃避查处。

再如，江苏省镇江市丹阳市政府原党组成员、副市长符卫国等人为管建军涉黑组织充当"保护伞"问题。2005年至2020年，以管建军为首的涉黑组织，通过非法采矿、强迫交易等违法犯罪活动大肆聚敛钱财，非法获利近9亿元。其中，2014年通过串通投标方式，中标镇江市某废弃矿山整治工程后，长期非法盗采该项目区域内灰岩矿石，破坏矿产资源价值8亿余元。符卫国在担任丹阳市交通运输局局长和副市长期间，明知管建军为涉黑涉恶人员，仍收受贿赂，帮助其承揽土石方业务并违规提前退还资源保证金。镇江市自然资源和规划局地质和矿产管理处原负责人倪俊多次接受宴请、收受礼品，为管建军在废弃矿山整治工程验收方面提供关照，明知其非法采矿，仍纵容其违法活动。丹阳市政协原党组成员周东明在担任丹阳市委常委、丹北镇党委书记期间，明知管建军涉黑涉恶，仍提名、推荐其担任丹阳市政协委员。①

上述案例中，一些党员干部和公职人员本应是群众利益的维护者、国家资源的看护者、绿水青山的守护者，却利欲熏心、知法犯法，背

---

① 参见《中央纪委国家监委公开通报六起"沙霸""矿霸"背后腐败和"保护伞"典型案例》，中央纪委国家监委网2021年11月2日。

弃职责使命，陷入"沙霸""矿霸"编织的"伞网圈"，或与其勾肩搭背、主动站台撑腰，或在权证办理、项目承揽、逃避查处等方面提供支持帮助，或对其长期明目张胆疯狂开采等行为默许纵容，更有甚者直接沦为"沙霸""矿霸"，非法攫取巨额经济利益。在"保护伞"的庇护下，这些"沙霸""矿霸"肆无忌惮侵占国家资源，甚至将"黑手"伸向长江等重要河道，严重破坏了生态环境，扰乱了市场经济秩序，损害了群众的切身利益。这也警示我们，全面从严治党的"最后一公里"，必须加码加劲。整治群众身边的腐败，事关人心向背和党执政基础的巩固，必须坚持标本兼治，以永远在路上的坚韧和执着，深入反腐领域的"神经末梢"，夺取最后的胜利。

三、"蝇贪"成群，其害如"虎"

如果说"打虎"是拔除党身体内的"毒瘤"，那么"拍蝇"则是清理党身边的"病菌"。当前，在正风反腐的持续高压之下，基层党风廉政状况比以往有明显好转，但违纪违法、侵犯群众利益的问题仍不在少数。"蝇贪"是习近平总书记在十八届中央纪委六次全会上提出的。"蝇贪"泛滥，其害如"虎"。所谓"蝇贪"，应指职务不大，时间不长，侵占资金却多，影响极其恶劣的贪腐行为。"苍蝇"虽小，但危害极大。他们挖空心思骗资金，层层设卡要好处，任性妄为狂敛财，往往盯着百姓的"救命钱""保命钱"下手，使民生政策在执行中变形走样、大打折扣。近年来，从"小官巨贪"现象，到基层窝案串案，无不警示我们，"微腐败"也会成为"大祸害"。为此，党的二十大报告在第十五部分中的"坚决打赢反腐败斗争攻坚战持久战"一节特别强调，要坚决惩治群众身边的"蝇贪"。我们党坚持人民至上，"老虎"露头就要打，"苍蝇"乱飞也要拍，必须坚决整治漠视群众利益的各类问题。

"千里之堤，以蝼蚁之穴溃；百尺之室，以突隙之烟焚。""蝇贪""蚁腐"往往与群众利益密切相关，对群众的伤害也最直接、最强烈。它损害老百姓的切身利益，啃食人民"最后一公里"的获得感，挥霍基层群众对党的信任，影响党和政府形象，侵蚀党群干群关系，动摇党的执政根基。

"小腐人人有，有了也不丑"，一些基层干部对"吃一点、拿一点、要一点"习以为常。一些官员就是在"小贪微腐"中一步步走向不归路的。侵吞烈士抚恤金、冒领惠农资金、侵吞国有资金、挪用公款炒股、贪污儿童救济金，可谓是没有伸不到手的地方，只要能管他就敢"拿"。这些掌握着权力的基层干部认为自己级别低、权力小，不是"官"，抱怨"钱少活累"，借职务之便捞一点好处。这是极大的错误。俗话说："县官不如现管"，基层干部官虽然小，但是权力可不小，关系着百姓的切身利益，群众敢怒不敢言，往往忍气吞声。

2018年伊始，党中央及有关部门相继发声，制定措施，加大力度，严厉围剿发生在群众身边的"蝇贪"：1月13日，十九届中纪委二次会议强调，坚决整治群众身边腐败问题，要求围绕打赢脱贫攻坚战，开展扶贫领域腐败和作风问题专项治理。1月24日，中共中央、国务院发出《关于开展扫黑除恶专项斗争的通知》，要求把扫黑除恶与反腐败斗争和基层"拍蝇"结合起来，深挖黑恶势力"保护伞"。2018年全国检察长会议要求，各级检察机关紧盯惠农项目资金、集体资产管理、土地征收等领域突出问题，严肃惩治侵犯农民利益的"微腐败"。①

之后查处的一系列"小官巨腐"案，贪腐数额令人瞠目：北戴河供水总公司原总经理马某某，涉案超1.8亿元；北京市朝阳区孙河乡原

---

① 参见《四类"蝇贪"啃食群众利益最厉害 中央严厉围剿》，新华网2018年1月30日。

党委书记纪某某，受贿9000余万元；山西省晋城市煤炭煤层气工业局原党组书记赵某某，家里藏着2427张存折、30公斤黄金；被称为"20亿村官"的深圳市龙岗街道南联社区村委会原主任周某某，涉嫌收受5600万元的巨额贿赂；广州市国营白云农工商联合公司原总经理张某某，涉嫌贪污国有资产2.84亿元，涉嫌受贿9780万元、港币238万元……不时见诸媒体的报道，既反映了"拍苍蝇"的成效，也让人愕然于"蝇贪"们的贪欲之强烈、手段之卑劣、为祸之广泛。

种种发生在群众身边的"蝇贪"，其危害可归结为四种类型：一是涉黑涉恶型。一些"村霸"和宗族恶势力、违法人员涉黑涉恶，他们欺压群众、操纵选举、把持基层政权；少数基层干部充当黑恶势力"保护伞"，强行敛财。这些行为严重削弱了基层群众对党的信任，损害了群众的切身利益。二是贪污侵占型。从近年查处的"蝇贪"案件来看，80%以上为基层扶贫资金管理部门干部、村支书或村主任，他们在扶贫资金使用、土地承包等过程中，以权谋私，贪污、挪用、侵占、私分公款现象十分严重。三是吃拿卡要型。不少基层监管、公共服务等窗口单位和行业工作人员，利用手中所掌握的特殊资源，刁难、推诿、搪塞办事群众，谋取好处；还有一些村干部利用自己掌握的集体公共事务权力，直接向村民索贿。四是假公济私型。一些地方的县、乡、村居干部，利用权力冒领国家惠农补贴和扶贫款，违规将扶贫资金分配给不符合条件的亲属；侵吞私分集体资产，在旧城改造、"城中村"改造或新农村建设中，圈地占地，出卖集体土地。

电视专题片《零容忍》第二集《打虎拍蝇》揭露了这样一幕：汪某某家境贫困，女儿汪某身患骨癌，先后住院17次，实在无力承担医疗费用。汪某某去甘肃省永登县民政局申请大病救助，县低保办原主任赵某某却骗他"办这事儿得找人，得花钱"……汪某某一家并非唯一的受害者。经查实，赵某某从 13 名受害人手里，一共非法索取 55 万多元。而这些从百姓那里骗来的救命钱，全被扔在了麻将桌上。用党和人民赋予的权力，向管理和服务对象索要钱财，向最困难的群体行骗牟利。其行为之恶劣超乎想象、令人发指。"在调查过程中，一个个受害人的情况都令工作组感到震惊和愤怒。""我也知道我错了，唉，一下掉进万丈深渊，我不愿意提，我就在这里认罪伏法。"2019 年 11 月，赵某某被判处有期徒刑三年六个月，并处罚金十万元。赵某某的行为，不仅违反了党员干部的道德操守、行为规范，触犯了党纪国法，也丧失了起码的良知。

村"两委"班子成员，其本职工作就是组织村民实行自治，带领村民增收致富，保障国家方针政策在基层落地开花。然而，一些村党支部书记、村委会主任身在其位、不谋其事，利用手中的"微权力"，贪占扶贫惠农资金，谋取个人私利。内蒙古乌兰察布市纪委监委曾公布"蝇贪"的典型案例：如，卓资县巴音锡勒镇什字村党支部原书记王某某、村妇联原主任张某某违纪案中，王某某、张某某以早已搬离本村或者常年在外生活的非常住村民的名义登记造册，冒领 2012 年救灾款 8950 元。王某某违规为其哥哥办理低保，使其哥哥在 2010 年至 2013 年期间获利 7760 元；为本村两名村民办理低保时收取好处费 1500 元。2018 年 7 月，卓资县纪委给予王某某党内严重警告处分，并追缴其违纪所得；给予张某某党内严重警告处分。再如，丰镇市隆盛庄镇十号村村委会原会计郭某某、村党支部原副书记陈某某严重违纪违法案中，郭某某在 2008 年至 2017 年期间，通过冒用已死亡村民身份、克扣外出农民补贴等途径，违规领取国家退耕还林补贴款、国家公益林补贴款、良种补贴款共计 39758.8 元。陈某某在 2011 年至 2017 年期间，通过冒用已死亡村民身份、克扣外出农民补贴等途径，违规领取退耕还林补贴款、种植业保险

款共计11432元。2019年3月,丰镇市纪委监委给予陈某某撤销党内职务处分;给予郭某某开除党籍处分,并将郭某某涉嫌犯罪问题移送审查起诉。2019年8月,郭某某被丰镇市人民法院判处有期徒刑八个月,缓刑一年六个月,并处罚金人民币10万元。①

村"两委"班子成员权力虽小,破坏力却很大。吃拿卡要、优亲厚友,虚报冒领、截留侵占,套取挪用、违规决策,有的甚至形成乡村黑恶势力,欺压百姓,横行乡里。"蝇贪""蚁腐"啃食了群众的切身利益,让好政策打了折扣,挥霍了基层群众对党的信任。

堤溃蚁穴,气泄针芒。众多案例警示,民生资金存在"重下拨、轻监管"问题,操作层面的"弹性空间"过大,基层执纪监督失于宽松软,常常提供了"蝇贪"滋生的不良土壤。净化基层政治生态,加强监督管理,让基层权力规范运行,才是破解群众身边腐败问题的治本之策。

新修订的《中国共产党纪律处分条例》在群众纪律方面列出了一系列"负面清单",尤其明确在扶贫领域有克扣群众财物、拖欠群众钱款、吃拿卡要等行为的,从重或者加重处分。对于祸害百姓的"蝇贪""蛀虫",必须保持高度警觉,"把雷厉风行和久久为功有机结合起来",既要通过强化教育以不断增强干部的"免疫力",也要通过强化监督以不断提高权力的"制衡力"、强化执纪以不断提高惩治的"震慑力",对"蝇贪"发现一起、严惩一起,发现一人、处理一人,抓在日常、严在经常。为人民群众站好岗放好哨,让党的好政策惠及人民群众,让人民群众的心热起来,确保党的执政基础坚如磐石。

---

① 参见《不容忽视的"蝇贪""蚁腐"》,内蒙古乌兰察布市纪委监委网2020年5月8日。

四、让群众在反腐"拍蝇"中增强获得感

习近平总书记在十九届中央纪委五次全会上发表重要讲话指出，要持续整治群众身边腐败和作风问题，让群众在反腐"拍蝇"中增强获得感，为新征程上党风廉政建设和反腐败斗争指明了重要着力点。善除害者察其本，善理疾者绝其源。群众身边的腐败问题和不正之风，直接关乎群众切身利益，也容易滋生严重的腐败问题。群众反对什么、痛恨什么，就应该坚决防范和纠正什么，对侵害群众利益的问题发现一起、查处一起。2021年1月至11月，共查处群众身边腐败和作风问题13万余个，批评教育帮助和处理19万余人，其中给予党纪政务处分12万余人。①持续推动解决群众"痛点"问题。

2015年1月13日，党的十八届中央纪委五次全会上，习近平总书记用"人心向背"这四个字，明确回答了"中国共产党为什么要坚定不移反对腐败"这个大问题。"全党必须牢记，反对腐败是党心民心所向。"他反复强调，民心是最大的政治，人民群众最痛恨腐败现象，我们就必须坚定不移反对腐败。老百姓痛恨什么，我们就要坚决反对和打击什么。腐败被老百姓深恶痛绝，我们对待腐败分子就绝不能包庇姑息。"我们这么强力反腐，对腐败采取零容忍的态度，目的是什么呢？是为了赢得党心民心。"②正如"强国论坛"上一位纪检工作人员所说的那样："只有对人民爱的深沉，才会愿意去得罪那些老虎苍蝇。"牢牢站稳人民立场，为了十四亿多人民的福祉，必能坚决打赢这场正义之战。

---

① 参见《持续整治群众身边腐败和作风问题》，中央纪委国家监委网2022年1月14日。
② 中共中央文献研究室编：《习近平关于全面从严治党论述摘编》，中央文献出版社2016年版，第186页。

延伸阅读

正风反腐在身边

2018年5月,四川成都一家幼儿园发生的一起"严书记女儿"事件,微信家长群里"严夫人"的那一句"你对严书记的女儿说这话是什么意思"引发的舆论风暴,一时成为成都乃至全国街谈巷议的热点。

自己孩子打人,却叫嚣让教师道歉;招生还没开始,就嘚瑟孩子已"内定"名校……电视专题片《正风反腐就在身边》第四集《严正家风》为我们还原了该事件的原委。

事情的起因,是幼儿园一名姓严的女孩打了其他小朋友,老师表示想处罚她单独就座,不料却把教师群聊天信息错发到了家长群,被女孩的妈妈看到。这位妈妈随即在微信群里要求老师当着所有师生的面给女儿道歉,并表示:"否则,我通知你们集团领导来给我解释,你对严书记的女儿说这话是什么意思!"

2018年5月18日,幼儿园风波发生仅一周之后,四川省纪委监委在初核的基础上,宣布对时任广安市委副书记的严春风进行立案审查调查。经调查发现,严春风利用职务上的便利,在工程承揽、项目纠纷解决等方面为他人谋取利益,受贿570余万元。2019年8月,严春风被法院一审判处有期徒刑十年。①

党的十八大以来,以习近平同志为核心的党中央坚定不移推动党风廉政建设和反腐败斗争向基层一线、群众身边延伸,更加突出整治群众身边的腐败和不正之风。乡村振兴、涉黑涉恶等群众身边的腐败

---

① 参见《严春风泣不成声:没有控制权欲才使前妻这么跋扈》,中国青年网2021年1月24日。

和不正之风虽然"微小",却直接损害百姓的切身利益,割裂党同人民群众的血肉联系,对此必须紧抓不放、一抓到底、抓出成效。

公平正义是司法的灵魂和生命。自扫黑除恶专项斗争开展以来,中央纪委国家监委督办了一批重大典型涉黑涉恶腐败和"保护伞"案件,公开通报曝光,形成强大震慑。电视专题片《正风反腐就在身边》第二集《守护民生》,将引发舆论强烈关注的孙小果案这一典型案件背后的司法腐败和"保护伞"问题更多细节公之于众。孙小果,三番五次横行乡里、鱼肉百姓,21年前就被判处死刑,却一再超脱法律之外,甚至"死而复生",继续对老百姓实施伤害,群众胆战心寒、敢怒不敢言。孙小果如何离奇"复活"再次作恶,背后有哪些公职人员徇私枉法,成为他的"保护伞"?如果仅仅对孙小果黑恶团伙进行惩处,而不打掉其背后的"保护伞",谁能保证孙小果不会再次走出牢房?谁能预料会不会出现其他更多的"孙小果"?"扫黑不除根,春风吹又生",这个根就是黑恶势力背后的"关系网""保护伞"。因此,必须在彻查并严惩黑恶势力及"保护伞"的同时堵塞漏洞、源头治理,着力改善政治生态、社会环境和营商环境。

从教育医疗到就业创业,从养老社保到环境保护,人民群众关心的痛点在哪儿,正风反腐的焦点就在哪儿。据统计,党的十八大以来,全国纪检监察机关共查处涉及教育医疗、养老社保、执法司法等民生领域的腐败和作风问题65万多件。一大批群众身边的"蝇贪""蛀虫"被查处,让群众切身感受到全面从严治党就在身边、正风肃纪反腐就在身边。① 通过一个个案件、一项项整治、一次次监督,切实坚持人民至上理念,持续净化基层政治生态,维护人民群众利益,用实际行动

---

① 杨文佳、陈昊:《盛会走笔丨坚决惩治群众身边的"蝇贪"》,中央纪委国家监委网2022年10月20日。

落实党中央决策部署，保障党中央惠民富民政策落到实处，全面从严治党向基层延伸，人民群众的获得感、幸福感、安全感不断提升。

开弓没有回头箭，反腐没有休止符。2022年1月18日，习近平总书记在十九届中央纪委六次全会上发表重要讲话指出，要保持反腐败政治定力，不断实现不敢腐、不能腐、不想腐一体推进的战略目标。必须清醒认识到，腐败和反腐败较量还在激烈进行，并呈现出一些新的阶段性特征。习近平总书记用"四个任重道远"警示全党："防范形形色色的利益集团成伙作势、'围猎'腐蚀还任重道远，有效应对腐败手段隐形变异、翻新升级还任重道远，彻底铲除腐败滋生土壤、实现海晏河清还任重道远，清理系统性腐败、化解风险隐患还任重道远。""坚持严的主基调不动摇，坚持发扬钉钉子精神加强作风建设，坚持以零容忍态度惩治腐败，坚持纠正一切损害群众利益的腐败和不正之风"①。

 **能力提升**

坚持"老虎""苍蝇"一起打

"老虎""苍蝇"一起打，"打"是手段，通过"打"发挥惩治功效、彰显警示作用，进而达到减少和遏制腐败的目的。从"打"中引申出的教育和预防功能具有重要价值，有利于营造不敢腐的气氛和环境。

首先，党纪国法面前没有例外。"打老虎"对社会产生的示范效应充分表明，不管官员的权力多大、位置多高，遇到腐败问题必须严加惩处，这既反映了党中央处理反腐问题的决心，也传递了信心。广大

---

① 《习近平在十九届中央纪委六次全会上发表重要讲话强调 坚持严的主基调不动摇 坚持不懈把全面从严治党向纵深推进》，《人民日报》2022年1月19日。

党员干部必须充分认识到，无论是司法腐败、执法腐败，还是各种依靠公权力以权谋私，绝无党纪之外的特殊人员，有腐必查，一查到底。

其次，坚定决心有腐必反、有贪必肃。 反腐倡廉必须常抓不懈，拒腐防变必须警钟长鸣，关键在"常""长"二字，一个是要经常抓，对腐败的揭露、打击和惩治，不能放松，必须抓紧打击，才能取得实效。一个是要长期抓，腐败不可能在短时间内消除，反腐败要有长期斗争的思想准备。只有做好平时的"常"，才能保证将来的"长"。

最后，抓好党风廉政建设和反腐败的工作机制。 即党委统一领导、党政齐抓共管、纪委组织协调、部门各负其责、依靠群众支持和参与的反腐败领导体制和工作机制。广大党员干部应当齐心协力，密切配合，强化不敢腐的震慑，扎紧不能腐的笼子，增强不想腐的自觉，有效形成政府各部门、社会各层面协同作战反腐倡廉的整体合力，用全社会力量根除腐败。

第三章
"不能让制度成为纸老虎"
——制度的生命在于执行

2014年1月14日,习近平总书记在中国共产党第十八届中央纪律检查委员会第三次全体会议上发表重要讲话指出:"反腐败体制机制改革,一个很重要的方面是理清责任、落实责任。不讲责任,不追究责任,再好的制度也会成为纸老虎、稻草人。"特别强调"要落实党委的主体责任和纪委的监督责任,强化责任追究,不能让制度成为纸老虎、稻草人"。

据考证,党内第一个提出"纸老虎"概念的领导人是蔡和森。1922年9月20日,蔡和森在《向导》周报第2期上发表《武力统一与联省自治——军阀专政与军阀割据》,批评一些只知空发议论貌似强大的"政治家"或"政论家"时,第一次使用了"纸老虎"的概念。"自来一班与群众隔离的政治家或政论家他们简直不知道或者不承认有群众的势力,所以他们不谋勾结或利用旧势力便想求助于外国帝国主义者,不是发表些蔑视群众、谩骂工人兵士的怪议论,便是想出些上不靠军阀下不靠民众的智识者的纸老虎或乌托邦。"①

毛泽东虽然并非党内第一个提出"纸老虎"概念的领导人,但却是党内论述"纸老虎"问题最深刻、最全面的领导人。他在烽火连天

---

① 何立波:《最早的中共中央机关报〈向导〉周报》,《党史博览》2011年第7期。

的战争年代提出了"纸老虎"的精辟比喻。1946年8月,蒋介石的百万大军正在关内各个战场上猛烈地进攻人民解放军。国民党军队在物资装备上远胜于共产党,背后还有美国人撑腰。延安的命运,让国内外进步人士都揪着心。中国共产党敢不敢进行针锋相对的斗争?能否击退国民党的强大攻势?中国的国内战争会不会引发世界大战?带着这些问题,美国著名作家和记者安娜·路易斯·斯特朗第五次访问中国,来到延安。在杨家岭的窑洞前的石桌旁,毛泽东慨然宣告:"一切反动派都是纸老虎。"进而指出"纸老虎"并非"scarecrow(稻草人)",而是纸糊的老虎,是"拍拍—太根儿(paper tiger)!""它看起来像一只凶猛的野兽,但实际上是纸糊的,一受潮就会发软,一阵大雨就会把它冲掉。""看起来,反动派的样子是可怕的,但是实际上并没有什么了不起的力量。从长远的观点看问题,真正强大的力量不是属于反动派,而是属于人民。"①新中国成立后,毛泽东在接见外宾和出访时反复提及"纸老虎"。1964年1月30日,毛泽东在会见法国议员代表团时说:"所谓纸老虎,就是说美国、苏联脱离了群众。"②一切脱离群众的必然变成"纸老虎",一切"纸老虎"必然被群众所打倒,这一高瞻远瞩无疑已被历史反复证明。

2014年1月20日,在党的群众路线教育实践活动第一批总结暨第二批部署会议上,习近平总书记指出:"执行党的纪律不能有任何含糊,不能让党纪党规成为'纸老虎'、'稻草人',造成'破窗效应'。凡是违反党章和党的纪律特别是政治纪律、组织纪律、财经纪律的行为,都不能放过,更不能放纵。"2014年8月,习近平总书记在听取兰考县和河南省党的群众路线教育实践活动情况汇报时再次强调:"有了好的制度

---

① 隋文娟:《Paper Tiger——毛主席妙语造新词》,《光明日报》2021年7月7日。
② 《毛泽东文集》第八卷,人民出版社1999年版,第373页。

如果不抓落实,只是写在纸上、贴在墙上、锁在抽屉里,制度就会成为稻草人、纸老虎。要强化制度执行,加强监督检查,确保出台一个就执行落实好一个。"因此,不仅要下大气力建制度、立规矩,更要下大气力抓落实、抓执行,坚决纠正随意变通、恶意规避、无视制度等现象。

制度的生命在于执行而绝不只是摆设,束之高阁会造成制度浪费,形同虚设会损害党的权威。

结合前面毛泽东关于"纸老虎"的精妙论述,我们可以深刻理解为:"纸老虎"是用纸做的,能吓唬人,不会吃人;"稻草人"是用稻草做的,也只能起到吓唬人的作用。习近平总书记用"纸老虎""稻草人"形象地指出落实党风廉政建设责任制存在的责任不清、追责不力等问题,意指在推进党风廉政建设和反腐败斗争的过程中,要保障和加强制度与法律的严肃性与权威性。

一、使纪律真正成为带电的"高压线"

纪律是我们党与生俱来的鲜明烙印,纪律严明则是我们党历经坎坷却能发展壮大、不断取得胜利的内在基因。毛泽东有一个著名论断:"路线是'王道',纪律是'霸道',这两者都不可少。"① 邓小平也说过:"我们这么大一个国家,怎样才能团结起来、组织起来呢?一靠理想,二靠纪律。"② 1927 年 10 月,毛泽东带领部队长途行军至井冈山,有的战士因粮食得不到补给十分饥饿,挖了老百姓田地里几个红薯吃。毛泽东非常清楚,革命军队要在井冈山站稳脚跟,要得到老百姓的拥护,必须做到秋毫无犯。于是,他让人在红薯地里插上竹牌,上面写着:因我军肚子饿了,为了充饥,把你的红薯吃了,违反了纪律。现

---

① 《毛泽东文集》第二卷,人民出版社 1993 年版,第 374 页。
② 《邓小平文选》第三卷,人民出版社 1993 年版,第 111 页。

在把两块钱留下，请收下。1948年秋，在辽沈战役锦州攻坚战前夕，正值苹果成熟收获之际。在东北野战军的战前政工会议上，罗荣桓指着院子里果实累累的苹果树说："要教育部队保证不吃老百姓一个苹果，无论是挂在树上的、收获在家里的、掉在地上的，都不要吃，这是一条纪律，要坚决做到。""现在把两块钱留下""保证不吃老百姓一个苹果"，映照着一个政党、一支队伍严明的纪律与扎实的作风。①

2015年2月2日，习近平总书记在省部级主要领导干部学习贯彻党的十八届四中全会精神全面推进依法治国专题研讨班上再次指出，党纪国法不能成为"橡皮泥""稻草人"，无论是因为"法盲"导致违纪违法，还是故意违规违法，都要受到追究，否则就会形成"破窗效应"。接下来，他还特别引用了明代冯梦龙在《警世通言》中说的一句话："人心似铁，官法如炉。"意在强调法治的威严，语重心长地道出：任人心中冷酷如铁，终扛不住法律的熔炉。法治之下，任何人都不能心存侥幸，都不能指望法外施恩。法治的威力既取决于法律条文的严谨深刻，也取决于法律实施的一视同仁，更取决于法治精神、法治意识、法治观念被每个人内化于心、外化于行。当遵纪守法成为一种自觉，当依法办事成为一种自然，法治的正能量才能源源不断释放出来。

令在必信，法在必行。古今中外的法治实践都反复证明，依靠普遍适用、反复适用、长期适用、面向未来适用的规章制度来奉行制度之治，是最稳定最可靠的治理方式。然而我们经常在不少腐败官员的"忏悔书"中发现很多雷同之处，其中，"不懂法"是一个高频词。因严重违纪违法被"双开"，并涉嫌违法犯罪问题被移送司法机关处理的新疆维吾尔自治区司法厅原副厅长任某某就是一个反面典型。

---

① 参见王昌伟：《"纪律中有无穷的战斗力"——从红色故事中感悟党的初心使命》，《解放军报》2021年6月23日。

"坚持尚俭戒奢,艰苦朴素,勤俭节约;廉洁从政,自觉保持人民公仆本色"……《中国共产党廉洁自律准则》的要求和约束,在有着30多年党龄的任某某面前成了"摆设"和"橡皮筋"。

走上领导岗位,特别是当上自治区劳教局一把手后,任某某把入党时的承诺忘得一干二净,而奢靡成了他生活的主旋律。"走上领导岗位后,为了满足虚荣心,我穿戴必讲名牌,有时候为了让别人知道我穿的是名牌衣服,甚至连商标都舍不得取。现在想想,当时我能数出来的名牌商标比我知道的党纪条规还多吧。"在忏悔书中,任某某这样形容他对奢侈生活的追求。①

立规不易,执规更难。对当前为数不少的党员领导干部而言,"法之必行""执行难"仍是一道待解难题。2018年8月18日,中共中央印发修订后的《中国共产党纪律处分条例》,并发出通知要求:要巩固发展执纪必严、违纪必究常态化效果,下大气力建制度、立规矩、抓落实、重执行,强化日常管理和监督,充分发挥纪律建设标本兼治的利器作用……特别是强调让制度"长牙"、纪律"带电",努力取得全面从严治党更大战略性成果。严明党的纪律,必须坚持纪律面前一律平等,强化执纪、从严执纪、及时执纪,着力增强党规党纪执行力,不搞"情有可原",不搞"下不为例",不搞"法不责众",使党的纪律真正成为带电的"高压线"。中央纪委国家监委网站也发文指出,新修订的《中国共产党纪律处分条例》,针对管党治党中的突出问题和新违纪情形,在"六项纪律"里分别增写、改写了多项处分规定,为党员干部的行为划出了新禁区。每一个禁区的背后,都有无数个鲜活的案例。

如第六章"对违反政治纪律行为的处分"部分,第四十四条增

---

① 参见《落马贪官:"数出来的名牌比知道的党纪条规还多"》,新华网2018年4月11日。

写"在重大原则问题上不同党中央保持一致且有实际言论、行为或者造成不良后果的，给予警告或者严重警告处分；情节较重的，给予撤销党内职务或者留党察看处分；情节严重的，给予开除党籍处分"。中央政治局原委员、重庆市委原书记孙政才就是反面典型——台上信仰马克思列宁主义，私底下却极力诋毁轻渎；口头上坚定"四个意识"，私底下以"中国最年轻的政治人物"自居，对党中央阳奉阴违、另搞一套，把个人主张凌驾于党中央精神之上，严重破坏党的集中统一领导。2017年9月29日，孙政才被开除党籍、开除公职处分，涉嫌犯罪问题及线索移送司法机关依法处理。

再如第五十一条增写"对党不忠诚不老实，表里不一，阳奉阴违，欺上瞒下，搞两面派，做两面人，情节较轻的，给予警告或者严重警告处分；情节较重的，给予撤销党内职务或者留党察看处分；情节严重的，给予开除党籍处分"。山东省委原常委、济南市委原书记王敏就是反面典型——常常把"守纪律讲规矩"挂在嘴上，就在落马当天，他还在全市领导干部大会上作廉政警示教育报告。可他内心却视党纪如无物，私底下疯狂敛财。对中央八项规定置若罔闻，甚至在中央党校学习期间，还潜入济南一家房地产公司总经理赵某在北京的会所内吃喝玩乐。"口言善，身行恶，国之妖也。"这种"两面人"的行径，背离了从政道德，冲击了社会价值观，严重损害了党和政府在人民心目中的地位和形象，最终王敏被以受贿罪判处有期徒刑十二年，并处没收个人财产人民币二百万元；受贿所得财物予以追缴，上缴国库。①

"不论谁在党纪国法上出问题，党纪国法决不饶恕。"2022年1月11日，习近平总书记在省部级主要领导干部学习贯彻党的十九届六中

---

① 参见《党纪处分条例划出的这些新禁区，背后都有鲜活案例》，中央纪委国家监委网2018年9月4日。

全会精神专题研讨班开班式上发表重要讲话时这样强调。对违规违纪、破坏法规制度踩"红线"、越"底线"、闯"雷区"的要严肃查处，不以权势大而破规，不以问题小而姑息，不以违者众而放任，把制度刚性立起来。以实际行动让老百姓相信法不容情、法不阿贵。让人心经历法律之炉的淬炼，让群众相信法律、依靠法律，依法治国进程才能"蹄疾而步稳"。

二、守土有责、守土负责、守土尽责

党的十八大以来，习近平总书记对各地各部门和广大党员干部反复要求要做到知责、守责、担责、尽责。在2013年全国宣传思想工作会议上，习近平总书记就强调："经济建设是党的中心工作，意识形态工作是党的一项极端重要的工作。""宣传思想部门承担着十分重要的职责，必须守土有责、守土负责、守土尽责。"2015年4月30日中央政治局召开会议分析研究当前经济形势和经济工作，习近平总书记在会上指出："定措施、作决策、抓工作，一定要吃透情况，把握实质，针对矛盾和问题来推动工作，抓好落实，树立守土有责、守土负责、守土尽责的正确导向。"2016年1月11日，习近平总书记在接见调整组建后的军委机关各部门负责同志时强调：军委机关的领导干部"要正确把握集中统一领导和按级分工负责的关系，做到守土有责、守土负责、守土尽责"。2018年11月26日，习近平总书记在十九届中央政治局第十次集体学习时指出："党的干部要以对党忠诚、为党分忧、为党尽职、为民造福的政治担当，以守土有责、守土负责、守土尽责的责任担当，面对大是大非敢于亮剑，面对矛盾敢于迎难而上，面对危机敢于挺身而出，面对失误敢于承担责任，面对歪风邪气敢于坚决斗争。"2020年1月27日，习近平总书记就疫情防控工作再次作出重要指示，要求各级党组织领导班子和领导干部特别是主要负责同志要坚守岗位、靠前指挥，做到守土有责、守土担责、守土尽责。2021年1月，习近平总书记在中共中央政治局第二十七次集体学习时再次告诫："各级党组织和领导干部要有很强的责任意识，守土有责、守土负责、守土尽责，无论什么时候，该做的事，知重负重、攻坚克难，顶着压力也要干；该负的责，挺身而出、冲锋在前，冒着风险也要担。"[①]《中共中央关于党的百年奋斗重大成就和历史经验的决议》深刻总结了党的百年奋斗重大成就和历史经验，决议指出："党着力解决意识形态领域党的领导弱化问题……推动全党动手抓宣传思想工作，守土有责、守土负责、守土尽责，敢抓敢管、敢于斗争，旗帜鲜明反对和抵制各种错误观点。"党的二十大报告强调："全面加强党的纪律建设，督促领导干部特别是高级干部严于律己、严负其责、严管所辖，对违反党纪的问题，发现一起坚决查处一起。"从中我们可以深深体会到，习近平总书记对广大党员、干部不忘初心、牢记使命，扛起责任、经受考验的殷切期盼。

"守土有责"的相关表述较早见于清代黄景仁的《邓家坟写望》，意思就是不管地方官员还是部队军人都有守卫国土、保境安民的职责，也用于要求各行各业从业者在其岗位上都应各司其职、各尽其责。

延伸阅读

铁血将军守土有责

为了守卫一方领土，勇于牺牲自己宝贵生命的铁血将军范筑先就是这样一位楷模。

[①]《习近平在中共中央政治局第二十七次集体学习时强调 完整准确全面贯彻新发展理念 确保"十四五"时期我国发展开好局起好步》，《人民日报》2021年1月30日。

抗日战争全面爆发后，任山东省第6区行政公署专员、保安司令兼聊县县长的范筑先拥护中国共产党的抗日主张，留在鲁西北地区组织群众抗日，先后组织建立了多个县的抗日政权和抗日武装。1938年，为策应武汉会战，先后两次组织部队攻击驻守在济南的日军。1938年11月初，毛泽东专门派人给他带去亲笔信，对其表示慰问和嘉勉。11月14日，日军进攻聊城，范筑先率部抗击，700多名将士大部分战死。次日，聊城被日军占领，范筑先宁死不当俘虏，举枪自尽。范筑先牺牲后，国民政府特令褒扬，追晋范筑先为陆军中将。中共重庆《新华日报》发表了敬悼抗日英雄范筑先先生的时评，延安中共中央《解放》周刊发表了纪念文章《哀悼民族老英雄范筑先》。①

反观当下，因政绩观扭曲、懒政怠政思想导致"不担当、不作为、乱作为、假作为"等问题居高不下，占中央纪委国家监委公布的全国查处违反中央八项规定精神问题总数首位，有些月份查处的问题甚至占总数的八成以上。近期，基层更是出现了一些年轻干部明明只有三四十岁，干起工作却抱着五六十岁的"老同志心态"——不敢干、不会干、不愿干，打不起精神，提不起兴趣，找不到激情的现象。年纪轻轻却总是摆出一副熬日子、盼退休的架势，严重影响基层工作运转。②只想当官不想干事，只想揽权不想担责，只想出彩不想出力，其背后就是失职失责。

2022年4月14日，在中央纪委国家监委网站受权发布的4起形式主义官僚主义、不担当不作为问题中，涉及天津市宁河区农业农村委原党组成员、农业综合行政执法支队原支队长赵某某，宁河区造甲城

---

① 参见《范筑先：铁血将军守土有责》，央广网2018年11月11日。
② 参见刘超：《熬日子、盼退休……年纪轻轻为何"老同志心态"？》，《半月谈》2022年第9期。

镇农业农村发展办公室主任刘某某治理非法捕捞失职失责问题，可谓是反面典型。

2020年12月至2021年3月，天津市政务服务便民热线多次将群众举报反映的永定新河、潮白河非法捕捞问题反馈给宁河区农业农村委，赵某某只安排渔政执法人员进行政策宣传和劝离，没有研究制定有效的巡查、防控措施。2021年3月8日，天津市级新闻媒体通过暗访发现永定新河造甲城镇段有渔船非法捕捞，并将情况分别反馈给宁河区农业农村委和造甲城镇河长办。赵某某、刘某某到达现场后，未及时采取有效措施予以处置，履行监管治理职责主动担当作为不够，导致非法捕捞现象屡禁不止，被媒体公开曝光，造成不良影响。2021年4月，赵某某受到党内警告处分；刘某某受到党内警告、政务记过处分。①

除了不担当、不作为，个别党员干部精于"假作为"，即通过弄虚作假、瞒报、谎报等方式企图隐藏、遮掩问题，抑或编造假经验、假典型、假整改等，以达到以假乱真的目的。如宁夏回族自治区石嘴山市非公经济服务中心原副主任兼机关党支部书记姚某为应对党建工作考核，编造了18份与正式存档文件同号的涉及党建工作的文件，但并未实际开展工作。同时，该中心党组会议记录、党支部会议记录和党课讲稿多次造假，多名党员抄袭学习心得应付检查。最终，姚某受到党内警告处分。②

上述通报案例虽然情形各异，但究其本质，可以说都背离了权责统一要求，岗位责任虚化弱化，规章制度空转失灵，漠视群众疾苦，

---

① 参见《4起形式主义官僚主义、不担当不作为问题》，中央纪委国家监委网2022年4月14日。
② 参见《中纪委：紧盯不担当、不作为、乱作为、假作为，亮剑懒政怠政》，中国青年网2020年10月28日。

为民服务不上心不尽力。这些反面案例提醒我们，干部干部，干字当头。党中央的各项决策部署要落地见效，关键在于各级党组织和党的领导干部要强化责任担当，更加自觉履职尽责。坚决、彻底破除形式主义、官僚主义既是攻坚战也是持久战，一刻不能放松，一刻也不会放松。职、权、责是统一的，有权必有责、有责要担当、失职必追究。决不能只当官不履职、只掌权不负责。不管职务尊卑、责任大小，一定要增强政治意识，胸怀"国之大者"，以对党、对人民无限的忠诚和担当，确保全面从严治党任务不折不扣落到实处，为群众造福、为中国梦添砖加瓦。

三、以踏石留印、抓铁有痕的劲头抓下去

"踏石留印、抓铁有痕"与"蜻蜓点水"一词互为反义。其原意是指人有狠劲和韧劲，踏在硬石上也能留下印记，抓到钢铁也能留下深深的"痕迹"。比喻做事情扎实深入、务求实效，不达目标不罢休，要做就一定要做好。这八个字铿锵有力、斩钉截铁，掷地有声、振聋发聩，既充满底气、彰显决心，又情真意切、恰到好处，是习近平总书记敢于负责、真抓实干、求真务实工作作风的最好诠释。

"党风问题关系执政党的生死存亡。"针对党内存在的作风问题，习近平总书记严肃指出："工作作风上的问题绝对不是小事，如果不坚决纠正不良风气，任其发展下去，就会像一座无形的墙把我们党和人民群众隔开，我们党就会失去根基、失去血脉、失去力量。"[①] 人心向背看作风，作风好坏不仅事关党的形象，更关系人心向背，乃至生死存亡。正因如此，无论在谈改进工作作风、落实八项规定时，还是中共

[①]《习近平谈治国理政》第一卷，外文出版社2018年版，第387页。

中央政治局就加强反腐倡廉法规制度建设进行第二十四次集体学习时，习近平总书记都反复强调要"以抓铁有痕、踏石留印的劲头持续抓下去"。在部署推进改革的长期任务、经济结构改革和军队改革等方面时，习近平总书记更是反复强调要坚持"踏石留印、抓铁有痕"的态度，层层负责、狠抓落实，从而以实实在在的成果造福于民、取信于民。2015年11月，习近平总书记在中央军委改革工作会议上强调："全军要以高度的历史自觉和强烈的使命担当，以踏石留印、抓铁有痕的精神，坚决打赢改革这场攻坚仗，努力交出让党和人民满意的答卷。"

知易行难，不进则退。"踏石留印、抓铁有痕"的作风不仅是一个人内在精神本质的表达，更是我们党战胜艰难困苦、赢得人民群众拥护的优良传统和重要法宝。

习近平总书记多次讲述"右玉的奇迹"。右玉县委带领人民群众一张蓝图，一任接着一任，率领干部群众坚持不懈干，把"不毛之地"变成"塞上绿洲"。

新中国成立以来，地处毛乌素沙漠天然风口地带的山西省右玉县，曾是一片风沙成患、山川贫瘠的不毛之地。当地人有言：在右玉，栽活一棵树，比养活一个娃还难哩！在右玉老县城北面的黄沙洼，人们花了两年时间种下的树，却被一阵大风吹死大半，但右玉人不服输，最终花费八年时间攻克这一难题。紧接着，铁山堡、老虎坪、杀场洼、盘石岭、滚石沟……一个个听上去充满肃杀荒凉之气的地方，一一被右玉人用绿色征服。

右玉人"莜面愣子"劲儿到底从哪里来？右玉百姓说，干部在前面带头，群众再苦也会跟上。杨千河乡党委副书记张一，是群众心中"同吃同住农家院，山药丝丝蒸莜面，走时留下吃住钱"的好干部。2005年4月11日凌晨3点，张一和乡亲们开车从朔州拉树苗往回赶，

下车检查树苗是否装好时,被迎面开来的车撞倒,不幸离世。追悼会那天,全乡3000多名群众十里相送。威远村党支部书记毛永宽,每次带村民植树前,总先自己干,不顾头疼发烧、身体劳累坚持挖坑植树,一次昏倒后再也没醒来。送葬时,媳妇糊了个纸铁锹要放进棺材,村民哗啦啦跪下一片,哭着说:"还带啥铁锹啊?不能让他再累了!"毛永宽媳妇却说:"他一辈子就惦记铁锹。"①

习近平总书记最看重的、也是右玉最可贵的,就是右玉的县委书记们一任接着一任干、一张蓝图绘到底的精神。当种树与群众生存发展紧密联系在一起时,"要个人前途,还是要群众出路"这一问题不容回避地考验着每一任县委领导班子。右玉历任县委、县政府始终秉持着一个共同信念,就是改善生存环境,造福右玉人民。干群团结如一人,咬定青山根连根。70多载耕耘植绿半壁河山,更植绿了右玉百姓心田,植出了干部群鱼水情,植出了风清气正好生态。总书记要求大家"要有'功成不必在我'的境界","像接力赛一样,一棒一棒接着干下去"②。"久久为功、利在长远","右玉精神"体现的正是"一任接着一任干、一张蓝图绘到底"的钉钉子精神。

同样闪耀光芒的还有红旗渠精神。20世纪60年代,为结束河南林县(今林州市)十年九旱的历史,10万英雄儿女仅靠一锤、一铲、两只手,苦战10个春秋,在万仞壁立、千峰如削的太行山上,建成全长1500公里、被称为"世界第八大奇迹"的"人工天河"——红旗渠,锻造出"自力更生、艰苦创业、团结协作、无私奉献"红旗渠精神,镌刻在中华民族的精神史册上。十一届全国人大四次会议期间,习近平

---

① 参见《"右玉精神"的接力传递》,新华网2017年08月22日。
②《习近平讲故事》,人民出版社2017年版,第56页。

总书记在参加河南代表团审议时满怀深情地指出:"红旗渠精神是我们党的性质和宗旨的集中体现,历久弥新,永远不会过时。"党的二十大胜利闭幕不到一周,习近平总书记来到林州,走进红旗渠纪念馆。他指出,红旗渠就是纪念碑,记载了林县人不认命、不服输、敢于战天斗地的英雄气概。①

红旗渠在修建的过程中,外无资金支持,内无经验、技术和材料。在这种极端状况下,党和人民群众发扬艰苦创业、抓铁有痕的精神,提出"自力更生是法宝,众人拾柴火焰高,建渠不能靠国家,全靠双手来创造"。借鉴当地山民为了谋生,不惜冒着生命危险采集中草药的一种方法——凌空除险,用绳索拥住腰,手持长杆抓钩,身上背着铁锤、钢钎等工具,飞崖下堑,凌空作业,排除险石。最早是任羊成将这种方法用到南谷洞水库建设上。如同战场上扫雷清障的工兵一样,任羊成和他的除险队员们,每天在悬崖边飞来荡去,排除险石,为建渠大军开路。一次,任羊成正在下崖除险,上边掉下一块石头,迎面砸在他的嘴上,顿时血流满面,三颗门牙被打掉。但他坚持轻伤不下火线,直到完成任务。领导和工友们都劝他休息治疗,他却豪迈地说:"我死都不怕,打掉三个门牙算什么!我个人受伤是小事,工地民工安全是大事!"第二天,他戴上口罩,背着大绳,带着工具又攀上了山崖。人们见他为了修渠不顾生死,便编了两句顺口溜送给他:"除险队长任羊成,阎王殿里报了名。"② 正是脚踏实地、真抓实干、"踏石留印、抓铁有痕"的狠劲韧劲的最好诠释。

---

① 《习近平在陕西延安和河南安阳考察时强调 全面推进乡村振兴 为实现农业农村现代化而不懈奋斗》,《人民日报》2022 年 10 月 29 日。
② 王炳林:《初心:重读革命精神》,人民出版社 2018 年版,第 224—225 页。

"'落实'观念的确立,是落实的逻辑起点和落实的前提条件。"① 无论是一个人、一个团体,还是一个地方、一个国家,能否保持一种"踏石留印、抓铁有痕"的精神状态,既是一个思想问题,也是一个方法问题。同等条件下,具有"踏石留印、抓铁有痕"的精神状态,以踏实的科学办法和力度,就能坚定信心,宠辱不惊,百折不挠,愈挫愈勇;缺乏"踏石留印、抓铁有痕"的精神状态,不抓落实、落而不实,蜻蜓点水,浮光掠影,脚底抹油,迎难而溜,则必然"踏石无印轻飘飘""抓铁无痕软绵绵",既做不好工作、抓不出实效,又可能影响干部风气、降低行政效能,更会损害民生福祉、阻碍发展大计。"一语不能践,万卷徒空虚。"

执行和落实是决策的归宿与生命,再好的制度,如果落不到实处,都只是"一纸空文"。无论"踏石"还是"抓铁",实质上都是"碰硬"。既然是"碰硬",就得敢于担当、敢于负责,就得雷厉风行、勇往直前,就得不畏艰险、咬定青山,就得锲而不舍、一抓到底。党的二十大报告指出:"当前,世界百年未有之大变局加速演进,新一轮科技革命和产业变革深入发展,国际力量对比深刻调整,我国发展面临新的战略机遇。同时,世纪疫情影响深远,逆全球化思潮抬头,单边主义、保护主义明显上升,世界经济复苏乏力,局部冲突和动荡频发,全球性问题加剧,世界进入新的动荡变革期。我国改革发展稳定面临不少深层次矛盾躲不开、绕不过。"越是这个时候,越要坚决贯彻党中央的部署和要求,以"永远在路上"的政治自觉,以"踏石留印、抓铁有痕"的勇毅坚定,一锤接着一锤敲,一环紧着一环拧,直面问题,化解矛盾,我们距离实现中华民族伟大复兴的中国梦就一定越来越近。

---

① 刘玉瑛:《关键在于落实》,新华出版社2017年版,第5页。

四、坚决杜绝口号式、表态式、包装式落实

马克思曾经说过:"哲学家们只是用不同的方式解释世界,问题在于改变世界。"① 那么到底如何改造这个世界?马克思在《哥达纲领批判》中提出:"一步实际行动胜过一打纲领。"回望五百年来社会主义发展史,我们可以清晰地发现,社会主义从空想到科学、从理论到现实、从一国到多国的"裂变",中国共产党从无到有、从小到大、从弱到强,实现站起来、富起来到强起来的飞跃,归根结底都是"落实、落实、再落实"的必然结果。

中国共产党是天生的使命党和实干党。反对空谈,强调实干,始终是中国共产党的优良传统。毛泽东曾明确指出:"世界上怕就怕'认真'二字,共产党就最讲认真。"② 1919 年 7 月 14 日,《湘江评论》在长沙创刊,面对中华民族的苦难,毛泽东作为主编和主要撰稿人,在《湘江评论》中写道:"天下者,我们的天下;国家者,我们的国家;社会者,我们的社会。我们不说,谁说?我们不干,谁干?"鲜明地体现了早期共产党人对救国救民强烈的担当意识与实干精神。习近平总书记在 2019 年 5 月 31 日召开的"不忘初心、牢记使命"主题教育工作会议上明确提出"守初心、担使命,找差距、抓落实"十二个字的总要求,并明确指出:"抓落实,就是要把新时代中国特色社会主义思想转化为推进改革发展稳定和党的建设各项工作的实际行动,把初心使命变成党员干部锐意进取、开拓创新的精气神和埋头苦干、真抓实干的自觉行动,力戒形式主义、官僚主义,推动党的路线方针政策落地生根,推动解决人民群众反映强烈的突出问题,不断增强人民群众获

---

① 《马克思恩格斯选集》第一卷,人民出版社 2012 年版,第 136 页。
② 中共中央文献研究室:《毛泽东传》第四册,中央文献出版社 2011 年版,第 1722 页。

得感、幸福感、安全感。"在革命、建设和改革的不同历史时期，正是抓落实，才实现了让中国共产党人心往一块想、劲往一处使，形成了强大的政党凝聚力和政策执行力，解决了将一盘散沙的中国人民组织起来，开创了中国历史上第一个持续、稳定、繁荣、昌盛的现代民族国家。从这个意义上可以说，我们党的百年光辉历史不仅是一部不懈奋斗史、不怕牺牲史、理论探索史、为民造福史、自身建设史，更是一部善谋划、抓落实的创业史。

在党的十九大报告中，"狠抓落实本领"是需全面增强的八大本领中的一项重要内容，强调要"坚持说实话、谋实事、出实招、求实效，把雷厉风行和久久为功有机结合起来，勇于攻坚克难，以钉钉子精神做实做细做好各项工作"。对此，习近平总书记在2019年3月1日春季学期中央党校（国家行政学院）中青年干部培训班开班式上指出："武装头脑、指导实践、推动工作，落脚点在指导实践、推动工作；学懂弄通做实，落脚点在做实。要牢记空谈误国、实干兴邦的道理，坚持知行合一、真抓实干，做实干家。"在2020年秋季学期中央党校（国家行政学院）中青年干部培训班开班式上，习近平总书记进一步提出提高解决实际问题的七种能力，强调"干事业不能做样子，必须脚踏实地，抓工作落实要以上率下、真抓实干"。在2022年春季学期中央党校（国家行政学院）中青年干部培训班开班式上习近平总书记再次强调，面对新形势新任务，党员干部一定要真抓实干，务实功、出实招、求实效，善作善成，坚决杜绝口号式、表态式、包装式落实的做法。

所谓"口号式工作法"，即做事只为应景，不顾是否切合实际，做事先把口号喊在前面，若不按自己的想法来，则贴标签、扣帽子。不唯实只唯上，无视群众呼声，看似很努力，做事全在空处；"表态式工作法"，就是接任务时胸口拍得响，态度很端正，言语极恳切，但面对群众急难愁盼的利益诉求，则用表态解决问题，用画饼当成干粮，实乃光打雷不下雨，光说大话不办事；"包装式工作法"，则是旧酒装入新瓶，旧事贴上新标签，把一分成绩说成十分，将一件坏事包装成好事……以小博大，以假充真，以次充好，如喷漆的"青山"、刷白的"形象"，实属造"假"，当然不是真正的"谋创新"。

屡屡成为新闻头条的秦岭违建别墅案例可谓教训深刻：长达4年多时间里，习近平总书记先后六次就"秦岭违建"作出重要批示指示，要求明确、措辞严厉。然而，正如中央电视台推出的新闻专题片《一抓到底正风纪——秦岭违建整治始末》显示，2014年5月习近平总书记第一次对圈地建别墅问题作出批示后，陕西成立了调查组，调查一月之后得出了最终报往中央的结论："违建别墅底数已彻底查清，共计202栋。"而事实上，漏报的别墅达1000多栋，是这一数字的五倍之多。对此，中央纪委国家监委第八监督检查室主任、中央专项整治工作组副组长陈章永指出："会议有传达、领导有批示、工作有督察、结果有报告。但通过深入调查，我们发现，这些传达、督察、报告当中，存在着严重的形式主义和官僚主义的问题。"[①] 在形式主义与官僚主义的最直接"保护伞"下，陕西省和西安市虽然会议一场接着一场开，文件一份接着一份传，却是表态多、行动少，始终不查实情、不出实招、不办实事、不求实效，而热衷于造声势出风头，在媒体上为自己表功。说一套做一套，令不行禁不止。特别在政治纪律方面放松警惕、降低要求，滋生出不敬畏、不在乎、装样子、喊口号的错误心态和行动，执行时打折扣、搞变通，最终导致秦岭违建别墅边禁边建、越禁越建的严重后果。

---

① 参见《独家关注："秦岭违建"为何惊动中央？》，央视新闻客户端2019年1月8日。

"三式工作法"危害极大，是形式主义、官僚主义在工作中的具体体现。党的二十大报告在充分肯定党和国家事业取得举世瞩目成就的同时，明确指出必须清醒看到我们的工作还面临不少困难和问题。其中特别强调"一些党员、干部缺乏担当精神，斗争本领不强，实干精神不足，形式主义、官僚主义现象仍较突出"。奋进新征程，建功新时代，每一名党员干部都要牢记"三个务必"，以实际行动践行习近平总书记为我们指明的"务实功、出实招、求实效"的"三实工作法"。①"务实功"要求我们真正讲政治而不是喊口号，决策做事出于公心、结合实际；"出实招"要求我们不光表态坚决，更重要的是做事实实在在，工作踏踏实实，有明确的方法路径；"求实效"就是要摒弃"花架子"，杜绝"假大空"，用最后的工作成效检验自己的决策办事过程是否求真务实。

来自基层首创的北京市平谷区"吹哨报到"就是"务实功、出实招、求实效"，有效打通服务群众"最后一公里"的成功典范。

2017年1月，为治理多年来屡禁不止、屡治不绝的盗采金矿、盗挖山体、盗偷砂石等事件，平谷区开展"乡镇吹哨、部门报到"工作试点，要求乡镇"吹哨"后，各相关执法部门必须在30分钟内"报到"。同时，将执法主导权下放到乡镇，赋予金海湖镇党委对相关执法部门的指挥权，建立联合执法机制，要求"事不完、人不撤"。这一做法极大地增强了条块合力，有效根治了盗挖盗采的违法行为。2018年2月，北京市因势利导，出台《关于党建引领街乡管理体制机制创新 实现"街乡吹哨、部门报到"的实施方案》，在总结平谷区探索实践的基础上，将其提升为"街乡吹哨、部门报到"，作为2018年全市"1号改革课题"，在16

---

① 《习近平在中央党校（国家行政学院）中青年干部培训班开班上发表重要讲话强调 筑牢理想信念根基树立践行正确政绩观 在新时代新征程上留下无悔的奋斗足迹》，《人民日报》2022年3月2日。

个区 169 个街乡进行试点，目的就是解决基层治理难题，打通落实"最后一公里"，建立服务群众的响应机制。至今，"吹哨报到"已经成为接诉即办工作的一项重要工作机制，解决了许多群众急难愁盼的诉求。

2021 年 2 月，平谷区马坊镇南区回迁小区地下车库投入使用，767 户居民入住后却发现，地下车库未预留电源接线口，导致无法安装电动汽车充电桩。原来，该小区是 2012 年启动项目设计，当时电动汽车还未普及，项目设计单位、建设单位没有预留电动汽车充电桩电源接线口。9 月底，不少居民多次向 12345 热线反映充电桩安装难、充电不便的问题，多的时候，两天就有 15 件。马坊镇以群众诉求为"哨声"，发出"集结令"，因地制宜采用"群众吹哨，党员干部报到""村居吹哨，职能科室报到""街乡吹哨，部门报到"三级吹哨模式，引导党员干部、相关科室和区住建委、区供电公司分别来"报到"，摸清了居民电动汽车数量，共同制定了充电桩安装方案。不到一个月的时间，该小区居民报装的 48 个充电桩均建设完成并投入使用。①

能力提升

制度的生命力在于执行

《庄子·达生》讲述了这么一则故事：孔子到楚国去，经过树林时，看见一位驼背老人用竹竿粘蝉，就像用手拾取那样容易，便问老人："你真灵巧啊，这有什么门道吗？"老人回答说："是的，有门道。我在竹竿上练习垒放弹丸，当我练习到垒放五个弹丸也掉不下来时，粘蝉就特别容易了。另外，我站着一动不动，眼中心中只有蝉的翅膀，世

---

① 参见《"吹哨报到"打通服务群众"最后一公里" 市民的诉求就是哨声》，《北京晚报》2021 年 12 月 20 日。

间万物也改变不了我的专注，怎会粘不到蝉呢！"孔子回头对弟子们说："用心不分散，精神凝聚专一，说的正是这位驼背老人呀！"这个寓言启迪我们，人生之路，并非百米赛跑，从无捷径可言，要不得半点轻浮之心。既要敢想敢做，也要专心致志，唯此才能把事情做好，达己所愿。

"千条万条不执行都是白条，千忙万忙不执行都是白忙，千招万招不落实都是虚招。"党的十八大以来，习近平总书记站在党和国家工作全局的高度，在多个重要场合强调指出："制度的生命力在于执行。"这一重大论断凸显出制度执行的极端重要性。

首先，加强组织领导。建立健全高效的制度执行机制，对制度执行的各项措施进行责任分解，明确责任部门和责任人员，明确阶段性目标和要求，为制度执行提供有力组织保障、营造良好社会氛围。

其次，带头执行制度。广大党员干部特别是作为"关键少数"的领导干部要坚定制度自信，自觉增强法规制度意识，以身作则，以上率下，大力维护法规制度的严肃性和权威性。以示范引领推动制度落地落实落细，推动产生积极治理效能。

最后，强化执行监督。建立健全制度执行的问责机制，认真查处和严肃问责破坏制度的问题，不留"暗门"、不开"天窗"，坚决杜绝做选择、搞变通、打折扣的现象，切实维护制度的严肃性、权威性。

第二篇

人民至上

第四章 "战胜各种拦路虎"
　　　　——兑现党对人民、对历史的郑重承诺

第五章 "决不能虎头蛇尾"
　　　　——一言一行系民生、一枝一叶总关情

第六章 "如虎添翼为群众"
　　　　——为民造福是最大政绩

第四章
"战胜各种拦路虎"
—— 兑现党对人民、对历史的郑重承诺

习近平总书记在党的十八届六中全会第二次全体会议上发表重要讲话指出："当今世界，国际力量对比发生新的变化，世界经济进入深度调整，我国发展面临的国际环境更加复杂严峻。我们前进的道路上有各种各样的'拦路虎'、'绊脚石'。在这样的国内外形势下，我们要赢得优势、赢得主动、赢得未来，就必须把党建设得更加坚强有力，使我们党能够团结带领人民有力应对重大挑战、抵御重大风险、克服重大阻力、解决重大矛盾。"

"拦路虎"本是一味解毒、清热利尿的中药材。在日常生活中，该词旧指拦路打劫的匪徒，今多指前进道路上所遇到的障碍和困难，如时永福的《接过雷锋的方向盘》诗中就有"钉子精神咱发扬，扫除多少拦路虎"。

人生天地间，长路有险夷。世界上没有哪个党像我们党这样，遭遇过如此多的艰难险阻，经历过如此多的生死考验，付出过如此多的惨烈牺牲。"踏平坎坷成大道，斗罢艰险又出发。"新长征路上，还有许多"娄山关""腊子口"需要我们去闯，还有各种"拦路虎""绊脚石"需要我们克服。

一、用马克思主义赶走解放思想的"拦路虎"

2017年9月29日,中共中央政治局就当代世界马克思主义思潮及其影响进行第四十三次集体学习,习近平总书记指出:"我们要赢得优势、赢得主动、赢得未来,战胜前进道路上各种各样的拦路虎、绊脚石,必须把马克思主义作为看家本领,以更宽广的视野、更长远的眼光来思考把握未来发展面临的一系列重大问题,不断提高全党运用马克思主义分析和解决实际问题的能力,不断提高运用科学理论指导我们应对重大挑战、抵御重大风险、克服重大阻力、解决重大矛盾的能力。"

"解放思想、实事求是、与时俱进,是马克思主义活的灵魂,是我们适应新形势、认识新事物、完成新任务的根本思想武器。"[①] 习近平总书记这一重要论述告诉我们:马克思主义深刻揭示了自然界、人类社会和人类思维发展的普遍规律,是指导人类社会发展进步的科学真理,是中国共产党人的灵魂和旗帜。马克思主义植根实践,能够随着实践发展而永葆生机活力。100多年来,我们坚持马克思主义基本原理,坚持把马克思主义作为党和国家的根本指导思想,坚持解放思想、实事求是、与时俱进,不断在实践基础上"讲新话"。我们党始终着眼于马克思主义理论的运用,用发展着的马克思主义指导发展着的实践,不断赋予马克思主义新的时代内涵,开辟马克思主义中国化的新境界。

解放思想是指在马克思主义指导下打破习惯势力和主观偏见的束缚,研究新情况,解决新问题,其实质就是实事求是。在马克思主义中国化历程中,解放思想要求我们既要科学对待马克思主义,又要辩

---

① 中共中央文献研究室编:《习近平关于协调推进"四个全面"战略布局论述摘编》,人民出版社2015年版,第5页。

证把握具体实践。邓小平指出:"解放思想,开动脑筋,实事求是,团结一致向前看,首先是解放思想。"① 思想不解放甚至僵化,就会导致对马克思主义和中国具体实践的错误认识,就会妨碍马克思主义与中国具体实际的结合,割裂理论与实践的联系,导致马克思主义中国化的失败,就会亡党亡国。

恩格斯在《卡尔·马克思〈政治经济学批判〉》中提出:"历史从哪里开始,思想进程也应当从哪里开始。"② 新中国成立70多年来,党和国家在社会主义建设实践上的每一次重大发展、在马克思主义发展上的每一次理论创新,都是解放思想的结果。对此,习近平总书记明确指出:"马克思主义指引中国成功走上了全面建设社会主义现代化强国的康庄大道,中国共产党人作为马克思主义的忠诚信奉者、坚定实践者,正在为坚持和发展马克思主义而执着努力!"③ "我们的责任,就是要团结带领全党全国各族人民,继续解放思想,坚持改革开放,不断解放和发展社会生产力,努力解决群众的生产生活困难,坚定不移走共同富裕的道路。"④

"中国共产党为什么能,中国特色社会主义为什么好,归根到底是马克思主义行,是中国化时代化的马克思主义行。"⑤ 100多年来,闪耀着真理光芒、彰显着真理力量的马克思主义指引我们走好了过往的奋斗路,也必将继续指引我们走好前方的奋进路。实践发展永无

---

① 《邓小平文选》第二卷,人民出版社1994年版,第141页。
② 《马克思恩格斯选集》第二卷,人民出版社2012年版,第14页。
③ 习近平:《在纪念马克思诞辰200周年大会上的讲话》,《人民日报》2018年5月5日。
④ 《习近平谈治国理政》第一卷,外文出版社2018年版,第4页。
⑤ 习近平:《高举中国特色社会主义伟大旗帜 为全面建设社会主义现代化国家而团结奋斗——在中国共产党第二十次全国代表大会上的报告》,人民出版社2022年版,第16页。

止境、解放思想永无止境。中国特色社会主义进入新时代，马克思主义中国化历程也进入了一个新的发展阶段，新时代推进"四个伟大"和发展21世纪马克思主义需要我们继续解放思想。习近平新时代中国特色社会主义思想是当代中国马克思主义、21世纪马克思主义，是中华文化和中国精神的时代精华，实现了马克思主义中国化时代化新的飞跃。在当代中国，全面贯彻习近平新时代中国特色社会主义思想，就是真正坚持、发展、维护马克思主义。党确立习近平同志党中央的核心、全党的核心地位，确立习近平新时代中国特色社会主义思想的指导地位，反映了全党全军全国各族人民共同心愿，对新时代党和国家事业发展、对推进中华民族伟大复兴历史进程具有决定性意义。

全面建设社会主义现代化国家、全面推进中华民族伟大复兴，需要我们在习近平新时代中国特色社会主义思想的指引下，继续坚持解放思想、实事求是，研究新情况、解决新问题。只要我们始终坚持解放思想，积极响应党中央的号召，立足新时代改革开放的伟大实践，更加紧密地团结在以习近平同志为核心的党中央周围，全面贯彻习近平新时代中国特色社会主义思想，把马克思主义基本原理同中国具体实际相结合、同中华优秀传统文化相结合，把握好习近平新时代中国特色社会主义思想的世界观和方法论，坚持好、运用好贯穿其中的立场观点方法，坚持人民至上、坚持自信自立、坚持守正创新、坚持问题导向、坚持系统观念、坚持胸怀天下，坚持不懈用这一创新理论武装头脑、指导实践、推动工作，为新时代党和国家事业发展提供根本遵循，持续赶走解放思想的"拦路虎"，就一定能够不断实现马克思主义中国化时代化，持续推进党的理论创新，推进21世纪马克思主义的发展。

> 📖 **延伸阅读**

让毛泽东盛赞的人

"这个人能实事求是,是一个活的马克思主义者。"[①] 这是毛泽东对习仲勋的评价。陕甘革命斗争之所以能从无到有、从小到大、从弱到强,最终成为"两点一存"的西北革命根据地,与习仲勋等无产阶级革命家坚持学习马克思主义、运用马克思主义、结合中国革命实际发展马克思主义的求真务实的崇高品质是分不开的。

1933年3月,中共陕甘边特委在照金兔儿梁正式成立,习仲勋主要从事地方武装和群众工作。他一村一村做调查研究,一家一户访贫问苦,相继组织了农会、贫农团、赤卫队和游击队,发动群众进行分粮、分田地的土地革命斗争。带领干部,逐乡逐村地发动群众,培养骨干,发展有觉悟的农民入党,建立农村党支部。经过艰苦细致的组织工作,一批乡村党支部建立起来了。

1933年夏,由于兼军、团两级政委的杜衡的错误指挥,红二十六军红二团主力南下渭华,遭强敌围攻,浴血秦岭。8月14日,陕甘边党政军联席会议在陈家坡召开,习仲勋等党员干部参加了会议,他以敏锐的政治洞察力、驾驭复杂局势的魄力,旗帜鲜明地指出分散游击的危害性,对会议统一思想、形成正确决策起到了决定性作用。刘志丹回到照金后,看到红军主力和游击队发生的变化,兴奋地对习仲勋说:"陈家坡会议总算排除了错误的主张,回到正确路线上来了。现在需要把部队集中起来,统一领导,统一指挥。我们重新干起来,前途是光明的。"

求真务实,来自于对马克思主义的学习,来自于革命工作实践,

---

① 刘婉婷、刘金:《习仲勋:让毛泽东五次盛赞的人》,《党史纵横》2010年第10期。

来自于依靠同志、联系群众、与群众打成一片的经验。陕甘革命路之所以成功，就是因为共产党人充分认识到马克思主义学习的重要性以及政治思想教育与知识能力教育相结合的教育引领的必要性，并且真正做到了"教育引领"。①2015年春节前夕，习近平总书记来到陕西省铜川市耀州区照金镇考察，向陕甘边革命根据地英雄纪念碑敬献花篮，在参观了陕甘边革命根据地照金纪念馆后指出："以照金为中心的陕甘边革命根据地，在中国革命史上写下了光辉的一页。要加强对革命根据地历史的研究，总结历史经验，更好发扬革命精神和优良作风。"

二、用严密组织体系赶走政策落地的"拦路虎"

习近平总书记在党的十八届六中全会第二次全体会议上围绕全面从严治党指出："我们前进的道路上有各种各样的'拦路虎'、'绊脚石'。在这样的国内外形势下，我们要赢得优势、赢得主动、赢得未来，就必须把党建设得更加坚强有力……"在十九届中央政治局第二十一次集体学习时，习近平总书记进一步强调：中央和国家机关是贯彻落实党中央决策部署的"最初一公里"，不能出现"拦路虎"。习近平总书记反复重申我们在工作中要知难而进，锲而不舍抓落实，有力清除落实中央政令途中的"拦路虎"，确保政令畅通，决策落地生根。

事在四方，要在中央。120多年前，孙中山先生环绕地球、周游列国，考察各国政治得失和古今国势强弱的道理，探求救国救民、振兴中华的道路，发出了"一盘散沙，才是中华民族最大的敌人"的谆谆告诫。100多年前，中国共产党应运而生，中国革命面貌从此焕然一新。中国共产党立志于中华民族千秋伟业，致力于人类和平与发展崇高事

---

① 王炳林主编：《初心：重读革命精神》，人民出版社2018年版，第102—105页。

业,从山河破碎到繁荣稳定,从一穷二白到世界第二大经济体,从封闭愚昧到自信开放,从站起来、富起来到强起来……特别是新时代十年来,改革开放和社会主义现代化建设取得巨大成就,党的建设新的伟大工程取得显著成效,成为国际社会关注的焦点、倚重的力量和学习的对象。透过历史规律的望远镜可以清晰发现,我们党始终坚持"正确的政治路线要靠正确的组织路线来保证",坚持组织路线服务政治路线,以强大的组织优势凝聚起奋斗前进的磅礴力量,乃是深刻解答"中国共产党为什么能"的一把关键钥匙。面对世界百年未有之大变局和中华民族伟大复兴的战略全局这"两个大局",我们党要长期执政、永葆活力,团结带领全国各族人民沿着中国特色社会主义道路实现中华民族伟大复兴,最重要的是把党建设得更加坚强有力。党的十九届五中全会指出,坚持党的全面领导是"十四五"时期经济社会发展必须遵循的首要原则。而党的全面领导、党的全部工作,都要靠党的坚强组织体系去实现。"党的领导,体现在党的科学理论和正确路线方针政策上,体现在党的执政能力和执政水平上,也体现在党的严密组织体系和强大组织能力上。一个松松垮垮、稀稀拉拉的组织是不能干事、也干不成事的。"①要使党中央决策部署得到深入贯彻,必须充分发挥党的严密组织体系的强大组织力、行动力、战斗力,确保党的组织体系上下贯通、执行有力。

党的二十大报告指出:"严密的组织体系是党的优势所在、力量所在。"严密的组织结构,是中国共产党赖以存在、发展和完成使命的物质基础,是实现党的领导的基本保证②,是进行伟大斗争、建设伟大工程、推进伟大事业、实现伟大梦想的坚强保证。

---

① 《十八大以来重要文献选编》(上),中央文献出版社2014年版,第766页。
② 参见宋功德、张文显主编:《党内法规学》,高等教育出版社2020年版,第146页。

我们党建立了包括党的中央组织、地方组织、基层组织在内的严密组织体系，中央组织部最新党内统计数据显示，截至2021年12月31日，中国共产党党员总数为9671.2万名，全国共有党的各级地方委员会3198个，党的基层组织493.6万个。① 这是世界上任何其他政党都不具有的强大优势。

党的各级组织虽然地位和作用各有侧重，但都承载着贯彻落实党中央决策部署的重要任务。习近平总书记指出："我们抓党的建设，首先就抓中央委员会、中央政治局及其常委会的建设，制定的各项党内法规都对中央领导同志提出更高标准，要求中央领导同志在守纪律讲规矩、履行管党治党政治责任等方面为全党同志立标杆、作表率。中央和国家机关是贯彻落实党中央决策部署的'最初一公里'，不能出现'拦路虎'，要认真贯彻执行党组工作条例和党的工作机关条例，把中央和国家机关建设成为讲政治、守纪律、负责任、有效率的模范机关。地方党委是贯彻落实党中央决策部署的'中间段'，不能出现'中梗阻'，要认真贯彻执行地方党委工作条例，把地方党委建设成为坚决听从党中央指挥、管理严格、监督有力、班子团结、风气纯正的坚强组织。基层党组织是贯彻落实党中央决策部署的'最后一公里'，不能出现'断头路'，要坚持大抓基层的鲜明导向""抓紧补齐基层党组织领导基层治理的各种短板，把各领域基层党组织建设成为实现党的领导的坚强战斗堡垒"②，充分发挥广大党员在改革发展稳定中的先锋模范作用。

古今中外的历史经验表明，有效的政策制定和落实不仅取决于"最初一公里"，更在于"最后一公里"。任何一个成熟的执政党在推动政

---

① 中共中央组织部：《中国共产党党内统计公报》，《人民日报》2022年6月30日。
② 习近平：《贯彻落实新时代党的组织路线 不断把党建设得更加坚强有力》，《求是》2020年第15期。

策落实和治国理政过程中无不重视这两个"一公里",并采取坚强有力的举措消除横亘其间的"拦路虎"。

一直以来,我们党从上到下都高度重视中央重大决策部署的贯彻落实情况,并采取切实有效的举措推动政策落实。然而,少数基层党组织在贯彻落实决策部署过程中仍存在有令不行、有禁不止问题。有的只喊口号不抓落实,"雷声大雨点小";有的搞变通,"上有政策下有对策";有的搞"选择性落实",于己有利则执行,反之则搪塞。基层治理是国家治理的最末端,基层党员干部处于国家治理体系的"神经末梢",是党和政府联系服务群众的"最后一公里"。上述问题不仅使党中央的决策部署遭遇"最后一公里"难题,而且容易导致基层干群关系紧张甚至产生诸多矛盾冲突。

党的领导是全面的、系统的、整体的,必须全面、系统、整体加以落实。在贯彻落实党中央决策部署上,各级党组织和党员干部都要提高政治判断力、政治领悟力、政治执行力,确保在政治立场、政治方向、政治原则、政治道路上同党中央保持高度一致,绝不能出现"拦路虎""中梗阻""断头路"。只有党的整个组织体系上下贯通、执行有力,党的各级组织都健全、都过硬,形成上下贯通、执行有力的严密组织体系,党的领导才能"如身使臂,如臂使指"。

 **延伸阅读**

党建引领共筑家园

连续几日阴雨,久违的阳光终于露了脸。贵州省安顺市西秀区西街街道办事处市西社区八大小区内,79岁的居民杨国俊和老伴趁着好天气下楼散步,偶遇入户走访的西街街道办事处党工委书记周佳,他们拉起了家常:"小区环境好了,我们不准备搬家了!"

居民的肯定,让周佳感到暖心。小区楼顶上"党建引领共筑家园"几个鲜红大字,见证了小区变化,也记录了党员们的辛勤付出。

八大小区是老小区,由于历史原因,曾管理混乱、硬件差,居民生产生活不便。国家大力推进老旧小区改造,八大小区率先被列入改造点。

项目启动,问题也随之而至。"项目总预算673万元,仅水电气基础改造报价就达209万元,占资金比例太高!"周佳正愁钱,居民思想工作也遇阻了,部分居民对改造态度强硬,坚决不拆。惠民政策再好,也要落地才能发挥作用。街道办党工委专题会上,周佳态度坚决:"党组织不能退缩,党员不能退缩,要拿出啃硬骨头的精神,把好事办好、把政策落实。"

心往一处想,劲往一处使。党工委迅速分工:有人对接联系相关部门,确保资金合理高效分配使用;有人负责对接施工方和职能部门,确保项目按时推进;有人负责群众工作,通过问卷调查和入户走访收集群众意见;还有人牵头成立八大小区业主委员会,争取居民代表支持,发挥居民主观能动性。

"要发挥党组织的组织力,把党员组织起来,把人才凝聚起来,把群众动员起来。"周佳调动办事处党工委、社区党支部、小区各单位党组织,发动党员、志愿者、网格员、联户长、"两代表一委员"等各方力量,开展入户大走访,收集意见,做到小区全覆盖,不漏一户、不落一人。

各负其责、各展所长、广征意见、组织决策……不到半年时间,改造项目顺利竣工,小区面貌焕然一新。

不仅要改造好,更要管理好。小区目前每月收取的相关费用不到1万元,请不起物业。"能不能党支部带着我们自己管?"不少居民提议。社区党支部一合计,通过召开业主大会决定由社区代管,招聘保洁、安保人员,市西社区党支部书记兼职担任业委会副主任,及时帮助解

决困难问题，实现居民自治、党群共治。①

基层党组织的战斗力体现在落实政策的能力，体现在为老百姓服务的能力。只要各级党组织按照党的二十大要求，切实履行党章赋予的各项职责，努力把党的路线方针政策和党中央决策部署贯彻落实好，把各领域广大群众组织凝聚好，使党的组织和党员深深植根人民、扎根人民，我们党就能拥有其他任何政党都不具有的强大组织优势，就能任凭风浪起、稳坐钓鱼台。

三、用乡村振兴赶走共同富裕的"拦路虎"

"东南风吹西北暖，那年你到咱家来，拔掉穷根把花栽，美得哟，沙漠变花海……"听到这悠扬而感人的片尾曲《花儿一唱天下春》，大家一定会回想起 2021 年春天热播的电视连续剧《山海情》。该剧讲述了银川市永宁县闽宁镇移民脱贫的故事，生动展现了福建与宁夏持续 20 多年跨越山海的帮扶互助。

1996 年，根据党中央的战略部署，福建与宁夏两省区建立扶贫协作对口帮扶关系，福建省委、省政府成立了对口帮扶宁夏领导小组，时任福建省委副书记的习近平同志担任组长。他先后 5 次出席闽宁对口扶贫协作联席会议，提出了"优势互补、互利互惠、长期协作、共同发展"的指导原则，确立了"联席推进、结对帮扶、产业带动、互学互助、社会参与"的合作机制，推出了"以促进贫困地区经济发展为中心""进一步加大企业和社会力量扶贫协作的规模和力度""广泛深入地开展多种形式的扶贫协作"等思路举措。1997 年 4 月，习近平同志到宁夏参加了闽宁扶贫协作第二次联席会议，提议以玉泉营开发区黄羊滩

---

① 参见《严密组织体系 发挥政治优势》，《人民日报》2021 年 11 月 30 日。

吊庄移民点为主体，设立一个以福建、宁夏两省区简称命名的移民开发区——闽宁村，将"苦瘠甲天下"的西海固部分贫困群众搬迁到这里。习近平预言："这片'干沙滩'将来一定会变为'金沙滩'。"

20多年来，福建与宁夏沿着习近平同志擘画的蓝图真抓实干，走出了一条先富带后富共同发展、东部扶西部共同繁荣、多数帮少数共同进步、外力促内力共同奋斗的社会主义康庄大道。

今天，宁夏彻底撕掉了西海固"苦瘠甲天下"的标签，全域历史性地解决了绝对贫困问题，成功翻越了脱贫路上"六盘山"。9个贫困县全部脱贫摘帽，80.3万建档立卡贫困人口全部脱贫，1100个贫困村全部脱贫出列！"干沙滩"果真变为了"金沙滩"。①

2021年7月1日，在庆祝中国共产党成立100周年大会上，习近平总书记代表党和人民向世界作出五个"庄严宣告"。其中，第一个庄严宣告就是："经过全党全国各族人民持续奋斗，我们实现了第一个百年奋斗目标，在中华大地上全面建成了小康社会，历史性地解决了绝对贫困问题，正在意气风发向着全面建成社会主义现代化强国的第二个百年奋斗目标迈进。"铿锵有力的政治宣言、催人奋进的时代号角，体现了我们党作为世界第一大执政党的强烈使命担当和高度历史自觉，展示了中国共产党和中国人民自信自强、不懈奋斗的精神风貌。

习近平总书记在《正确认识和把握我国发展重大理论和实践问题》中明确提出了五个重大理论和实践问题，其中，排在首位的就是"正确认识和把握实现共同富裕的战略目标和实践途径"。党的二十大报告指出："中国式现代化是全体人民共同富裕的现代化。共同富裕是中国特色社会主义的本质要求。"党的十八大以来，以习近平同志为核心的

---

① 参见《永远高扬"社会主义是干出来的"风帆》，《宁夏日报》2021年7月20日。

党中央把握发展阶段新变化，把逐步实现全体人民共同富裕摆在更加重要的位置上，坚持精准扶贫、尽锐出战，打赢了人类历史上规模最大的脱贫攻坚战，历史性地解决了绝对贫困问题，实现了小康这个中华民族的千年梦想，我国发展站在了更高历史起点上。

现在，已经到了扎实推动共同富裕的历史阶段。新阶段新起点，我们必须深刻认识到，扎实推动共同富裕是坚持党的性质宗旨、初心使命，不断夯实党长期执政基础的必然要求；是在全面建成小康社会基础上，向着全面建成社会主义现代化强国的第二个百年奋斗目标迈进的必然要求；是适应社会主要矛盾变化，着力解决发展不平衡不充分问题的必然要求。"适应我国社会主要矛盾的变化，更好满足人民日益增长的美好生活需要，必须把促进全体人民共同富裕作为为人民谋幸福的着力点，不断夯实党长期执政的基础。"①

与此同时，我们还要清醒认识到，我国发展不平衡不充分问题仍然突出，城乡区域发展和收入分配差距较大。全面建设社会主义现代化国家，最艰巨最繁重的任务仍然在农村。2021年3月22日，《中共中央 国务院关于实现巩固拓展脱贫攻坚成果同乡村振兴有效衔接的意见》公开发布，指出打赢脱贫攻坚战是新的起点，要再接再厉，在巩固拓展脱贫攻坚成果的基础上，做好乡村振兴这篇大文章，接续推进脱贫地区发展。

延伸阅读

用健康扶贫赶走脱贫"拦路虎"

因病致贫、因病返贫这一脱贫路上的"拦路虎"，也是习近平总书记反复强调必须解决好的问题。

---

① 习近平：《扎实推动共同富裕》，《求是》2021年第20期。

地处吕梁山区深处的山西省岢岚县，山大沟深、坡陡地瘠。道阻、家贫、病疾，紧紧捆绑住了这里的乡亲。在这片贫瘠的土地上，赵家洼村王三女一家的日子过得十分艰辛。年轻时，王三女就患上风湿性心脏病和高血压，这些年又引发慢性支气管炎。雪上加霜的是，前些年丈夫、儿子相继离世，儿媳妇也离了家，患有残障的孙子、孙女只剩她一人独自拉扯。

2017年6月21日下午，习近平总书记走进这位特困户的家，安慰王三女好好生活，叮嘱当地干部安排好她孙子和孙女的特殊教育。这份温暖，让王三女铭记在心。

在岢岚县考察后，习近平总书记又在太原主持召开深度贫困地区脱贫攻坚座谈会，要求对因病致贫群众加大医疗救助、临时救助、慈善救助等帮扶力度。

如今，随着整村搬迁，王三女从土坯房搬进了新楼房，经常有家庭医生上门送医送药。2018年，王三女住了两次医院，总费用8914.3元，自己只花了525.77元。

"三保险、三救助"，是习近平总书记2017年在山西考察工作后，山西省为化解因病致贫而实施的一项重大民生工程，通过基本医保、大病保险和补充医疗保险报销等，实现对贫困人口看病就医的兜底保障。

到2018年底，王三女一家三口成功脱贫。年近七旬的她由衷感慨："赶上了好时代，是咱最大的福气。"①

乡村振兴工作要扎扎实实、踏踏实实做，首先要巩固脱贫成果，巩固住再往前走，同乡村全面振兴有效衔接。"要全面推进乡村振兴，加快农业产业化，盘活农村资产，增加农民财产性收入，使更多农村

---

① 参见《习近平讲故事：用健康扶贫赶走脱贫"拦路虎"》，《人民日报海外版》2020年7月2日。

居民勤劳致富。要加强农村基础设施和公共服务体系建设,改善农村人居环境。"① 全面贯彻中共中央办公厅、国务院办公厅2021年12月专门印发的《农村人居环境整治提升五年行动方案(2021—2025年)》,践行绿水青山就是金山银山的理念,以农村厕所革命、生活污水垃圾治理、村容村貌提升为重点,全面提升农村人居环境质量,为全面推进乡村振兴、加快农业农村现代化、建设美丽中国提供有力支撑。

2022年中央一号文件进一步强调:"扎实有序做好乡村发展、乡村建设、乡村治理重点工作,推动乡村振兴取得新进展、农业农村现代化迈出新步伐。"在全面建设社会主义现代化国家新征程中,我们要以历史、现实与未来相贯通的视野来深刻理解新时代推进共同富裕的重大历史意义,通过充分发挥市场与政府"两只手"的作用,坚持农业农村优先发展,坚持城乡融合发展,畅通城乡要素流动。加快建设农业强国,扎实推动乡村产业、人才、文化、生态、组织振兴。赶走共同富裕路上的各种"拦路虎",切实提高农民收入,推动共同富裕取得更为明显的实质性进展。

四、用绿水青山赶走永续发展的"拦路虎"

2022年3月5日,习近平总书记在参加十三届全国人大五次会议内蒙古代表团审议时强调:"坚定不移走以生态优先、绿色发展为导向的高质量发展新路子,切实履行维护国家生态安全、能源安全、粮食安全、产业安全的重大政治责任。"这是党的十九大以来,习近平总书记第五次来到内蒙古代表团,第五次就建设生态文明发表重要讲话,体现出他对生态文明建设一以贯之的理念和情怀。

---

① 习近平:《扎实推动共同富裕》,《求是》2021年第20期。

习近平总书记对生态环境保护历来高度重视。他每次到地方视察调研，生态环境保护都是必讲。特别在考察洱海时，他强调"要把生态环境保护放在更加突出位置，像保护眼睛一样保护生态环境，像对待生命一样对待生态环境"[①]。无论是"眼睛"、还是"生命"，其之于人的至关重要性的比喻，形象生动地说明了生态环境的极端重要性。2018 年 5 月，党中央召开全国生态环境保护大会，正式确立习近平生态文明思想，为保护生态环境、建设美丽中国提供了强大思想武器。

以习近平同志为核心的党中央深入研判经济社会发展规律，积极顺应人民对喝上干净的水、呼吸新鲜的空气、看到蓝天白云的期盼，对加强生态文明建设、加强环境保护作出一系列安排部署。从在浙江安吉提出绿水青山就是金山银山的理念，到参加首都义务植树时指出，森林是水库、钱库、粮库、碳库；从赞叹治沙英雄石光银"这几十年你们太不容易了"，到倡导让荒原变林海奇迹的塞罕坝精神；从洱海边与当地干部"立此存照，过几年再来，希望水更干净清澈"，到国际会议上点赞云南大象北上南归温暖世界……习近平生态文明思想书写了"青山不墨千秋画，绿水无弦万古琴"的神州大美图景。京津冀大气污染治理、浙江"千村示范、万村整治"工程、塞罕坝造林、毛乌素治沙……这一系列璀璨夺目的"绿色成绩单"，正是习近平生态文明思想在中国这块东方大地上的生动实践。

中国特色社会主义进入新时代，我国经济发展也进入新时代，其基本特征就是我国经济由高速增长阶段转向高质量发展阶段。那么究竟如何理解高质量发展？2017 年 12 月 18 日，习近平总书记在中央经济工作会议上发表重要讲话指出，高质量发展，就是能够很好满足人

---

① 中共中央文献研究室编：《习近平关于社会主义生态文明建设论述摘编》，中央文献出版社 2017 年版，第 8 页。

民日益增长的美好生活需要的发展，是体现新发展理念的发展，是创新成为第一动力、协调成为内生特点、绿色成为普遍形态、开放成为必由之路、共享成为根本目的的发展。毫无疑问，绿色发展不仅成为世界经济和社会发展的重要理念和趋势，而且成为当前我国经济社会发展的指导理念和重要规制。

不容置疑，工业文明创造了巨大物质财富，但也带来了生物多样性丧失和环境破坏的生态危机。过去几十年里，我们党领导全国各族人民坚持和发展中国特色社会主义，我国经济快速发展，综合实力大幅提升，已成为世界第二大经济体。但由于以往的经济发展方式较为粗放，生态破坏、环境污染等问题凸显，不仅给发展带来负面影响，而且在一段时间内也成为民生之患、民心之痛。在第二轮第六批中央生态环境保护督察组公开通报的典型案例中，诸如"相关部门监管形同虚设；对群众举报的突出生态环境问题敷衍应付；监管缺位，监督执法宽松软；管控不力，放任违法违规问题长期存在；工作不严不实，推进落实不到位……"严厉措辞出现在通报中，可谓触目惊心。

在近几批中央生态环保督察通报的案例中，江西新余、广西岑溪、河南焦作、山东济宁、吉林白山、贵州黄平等多地的绿色矿山创建，都可谓"漏洞百出"，"绿色成色"明显不足。而此次中央第四生态环境保护督察组督察西藏时，同样发现该地违法采矿问题依然突出，由此带来对草原生态环境的严重破坏。

督察组明确指出："那曲市、色尼区执行国家有关规定时打折扣、搞变通，违规批准有关单位无证开采。"色尼区多个砂石料场按规定应当依法办理采矿许可证，但那曲市、色尼区2018年以来多次以部门文件形式变相批准上述砂石料场，未要求办理采矿许可证。此外，当地有关部门也未按规定要求这些砂石料场办理草原征占用、水土保持等手续，放任其长期非法开采，共涉及草原面积46.8万平方米。

部分砂石开采企业长期肆意野蛮开采、越界开采、超量开采，造成环境严重破坏。中建交通建设工程（西藏）有限公司1号砂石料场未进行开挖边坡设计，对山体进行野蛮开挖作业，形成一个高差达70米的巨大垂直剖面，对后期恢复治理造成很大难度。

督察组还发现，那曲市、色尼区对矿山生态保护与恢复治理工作监督管理不力，部分企业履行"谁开采、谁治理，边开采、边治理"责任不到位，甚至只开采不治理，对高寒草原生态造成严重破坏。例如，中建交通建设工程（西藏）有限公司1号砂石料场共计占用破坏草地面积12.1万平方米，直到此次督察进驻后才准备实施生态修复治理。现场督察发现，大量剥离废石随意堆弃在山坡上，压占破坏草地；部分剥离的草皮层随意堆放，没有做到规范养护，基本丧失移植恢复价值。

"那曲市、色尼区履行生态环境保护责任不力，相关部门违规批准涉草原砂石料矿产资源开采项目，放任违法违规开采砂石、破坏草原生态问题长期存在。"督察组说。[1]

"绿水青山可带来金山银山，但金山银山却买不到绿水青山。"[2] 大量盲目上马"两高"项目、生态环境遭到严重破坏、环境基础设施建设滞后、违法排污等并不新鲜，有的甚至是老生常谈的突出生态环境问题，充分暴露出一些地方和部门对长期存在而又十分突出的生态环境问题熟视无睹，再一次为生态环境保护敲响警钟。

"留得青山在，不怕没柴烧。"生态问题不仅考验着历史眼光、责

---

[1] 参见《中央生态环境保护督察再曝敷衍应对弄虚作假问题》，中国长安网2022年4月29日。

[2] 习近平：《之江新语》，浙江人民出版社2007年版，第153页。

任担当,更折射着民生福祉、人民情怀,体现着执政能力、发展质量。因此,保护好生态环境是一道重要的"必答题",而不是一道可有可无的"附加题"。2021年4月30日,习近平总书记在主持十九届中共中央政治局第二十九次集体学习时指出:"生态环境保护和经济发展是辩证统一、相辅相成的"。同时强调,要落实领导干部生态文明建设责任制,严格考核问责。"对破坏生态环境的行为不能手软,不能下不为例。要下大气力抓住破坏生态环境的反面典型,释放出严加惩处的强烈信号。对任何地方、任何时候、任何人,凡是需要追责的,必须一追到底,决不能让制度规定成为'没有牙齿的老虎'。"[1]

生态文明建设关乎人类未来,建设绿色家园是各国人民的共同梦想。当前,全球生态环境问题面临着严峻的挑战,人类正站在可持续发展的十字路口。2021年5月26日,习近平主席向世界环境司法大会致贺信指出:"地球是我们的共同家园。世界各国要同心协力,抓紧行动,共建人和自然和谐的美丽家园。"对此,巴西外交家鲁本斯·里库佩罗高度赞扬习近平主席在世界的聚光灯下为人类文明指明的方向:"未来我们需要深刻改变人类社会的组织方式、生产方式和消费方式""生态文明是一个更高级、更高尚的概念,实现生态文明已经成为中国追求的目标,我认为它也应该成为世界上所有国家的共同目标"。[2]

党的二十大报告指出:"中国式现代化是人与自然和谐共生的现代化。"再次强调人与自然是生命共同体,坚定不移走生产发展、生活富裕、生态良好的文明发展道路,实现中华民族永续发展。"一代人有一代人的使命,建设生态文明的时代责任已经落在了我们这代人的肩

---

[1]《习近平谈治国理政》第三卷,外文出版社2020年版,第364页。
[2]《大道笃行系苍生——习近平生态文明思想为可持续发展指明方向》,新华网2022年4月22日。

上。"① 今天，生态文明建设已经纳入我国国家发展总体布局，建设美丽中国已经成为中国人民心向往之的奋斗目标，我们必须坚持以习近平生态文明思想为指引，齐心协力，攻坚克难，大力推进生态文明建设，用绿水青山赶走永续发展的"拦路虎"，为全面建设社会主义现代化国家、开创美丽中国建设新局面而努力奋斗！

 **能力提升**

贯彻"绿色"发展理念

中国共产党关心的就是让全国各族群众日子过得一天比一天好。党没有自己的利益，广大领导干部更不应该有自己的私利，要坚持党的根本宗旨和党的群众路线，把所有的精力都用在让老百姓过好日子上。

一要敢于面对前进道路上的一切困难。 习近平主席在出席2022年世界经济论坛视频会议时指出："纵观历史，人类正是在战胜一次次考验中成长、在克服一场场危机中发展。我们要在历史前进的逻辑中前进、在时代发展的潮流中发展。"因此，广大党员干部首先要树立必胜的信心，勇于去战胜前进道路上的一切"拦路虎"。

二要做大分好"蛋糕"。 经济又好又快发展，是解决现实中所遇问题的首要途径，高质量的发展能够赶走良好就业、实现共同富裕、绿水青山等各种"拦路虎"。广大党员干部要积极努力把"蛋糕"做大，再把"蛋糕"合理分好。水涨船高、各得其所，让发展成果更多更公平地惠及全体人民。

三要贯彻"绿色"发展理念。 美丽中国建设离不开每一个人的努

---

① 《让绿水青山造福人民泽被子孙——习近平总书记关于生态文明建设重要论述综述》，《人民日报》2021年6月3日。

力。广大党员干部在发展中要坚信绿水青山就是金山银山，宁要绿水青山不要金山银山，不可能毕其功于一役。要破立并举、稳扎稳打，逐步有序减少传统能源，实现碳达峰碳中和确保经济社会平稳发展、健康发展。

第五章
"决不能虎头蛇尾"
——一言一行系民生、一枝一叶总关情

  2013年9月，习近平总书记亲赴党的群众路线教育实践活动联系省河北，全程参加并指导河北省委常委班子专题民主生活会，强调："教育实践活动越往后，越要坚持标准，决不能虎头蛇尾，决不能用自我感觉代替群众评价。"2014年3月17日下午，习近平总书记来到河南省兰考县为民服务中心考察。在"焦裕禄民心热线"办公室，习近平总书记指出，把各种渠道的群众反映综合起来受理和解决，是一个好做法，但既要注重提高办事效率，又要建立长效机制。同时叮嘱工作人员："为民服务不能一阵风、虎头蛇尾，不能搞形式主义。"[①] 2015年3月，习近平总书记在参加十二届全国人大三次会议吉林代表团审议时，针对民生工作强调"要发扬钉钉子精神，不能虎头蛇尾。我们要一诺千金，说到就要做到"。2019年5月31日，在"不忘初心、牢记使命"主题教育工作会议上，习近平总书记强调"整改落实要防止虎头蛇尾、久拖不决"。民生无小事，枝叶总关情。无论长期积存下来没有得到解决的老问题，还是在发展中出现的新问题，哪一项民生工程都与我们的生产生活息息相关。着力保障基本民生，不断增强人民群众的获得感、幸福

---

① 《这些年,总书记牵挂的民生事：服务一站式 群众好办事》，人民网2021年2月8日。

感、安全感，决不可口惠而实不至、虎头蛇尾、半途而废。

"虎头蛇尾"原指装着虎头，拖着蛇尾，比喻为人诡诈，言行不一。后被引申为头大如虎、尾细如蛇，比喻做事先紧后松，有始无终，而做不到始终如一，善始善终。在孟子与告子之间围绕"人性"这一话题所展开的辩论中有言："虽有天下易生之物也，一日暴之，十日寒之，未有能生者也。"意思就是，即使天下最容易生长的植物，让它暴晒一天，冷冻十天，那也是不会成活的。"一曝十寒"这个成语就源于此。毛泽东曾说过："贵有恒，何必三更眠，五更起。最无益，只怕一日曝，十日寒。"这一典故为我们揭示了一个朴素的道理：世界上没有一劳永逸之事。无论做任何事情，都需要经历一个循序渐进的过程。三天打鱼，两天晒网，固然悠闲惬意，但难有所成。成功属于有准备的人，但更属于持之以恒、坚持不懈的人。

一、坚持全面从严治党

"总书记，您好！您是腐败分子的克星，全国人民的福星！"2014年冬，习近平总书记在江苏镇江市考察，74岁的老党员崔荣海挤上前来激动地说。正是在这次调研中，我们党历史上第一次提出"全面从严治党"，并将其纳入"四个全面"战略布局。

2016年10月27日，习近平总书记在党的十八届六中全会第二次全体会议上针对一些党员、干部对全面从严治党认识上不到位、思想上不适应、行动上不自觉，发表重要讲话特别指出："有问题并不可怕，可怕的是在问题面前束手无策，解决问题虎头蛇尾。正所谓'事辍者无功，耕怠者无获。'所以，全党一定要保持战略定力，坚持严字当头、真管真严、敢管敢严、长管长严，把严的要求贯彻到管党治党全过程、落实到党的建设各方面。"

自我监督是执政党面临的普遍难题，是国家治理的"哥德巴赫猜想"。我们党解决这个问题，根本要靠敢于自我革命这个政治品格，通过强有力的党内监督，及时发现和纠正错误，使党永葆先进性和纯洁性。①

先进的马克思主义政党不是天生的，而是在不断自我革命中淬炼而成的。党的百年征程，既是一部波澜壮阔的社会革命史，也是一部激浊扬清的自我革命史。我们党能够从最初50多名党员发展到今天9600多万名党员，战胜一个又一个困难，取得一个又一个胜利，关键在于我们始终坚持党要管党、全面从严治党不放松，在推动社会革命的同时进行彻底自我革命。正如中央纪委国家监委宣传部部长王建新在党的二十大胜利闭幕后中共中央举行的新闻发布会上回答记者提问时指出，党的二十大报告，通篇贯穿着全面从严治党的政治自觉，通篇贯穿着以党的自我革命引领社会革命的政治要求。

人民群众最痛恨腐败现象，腐败是我们党面临的最大威胁。一百多年来，我们党外靠发展人民民主、接受人民监督，内靠全面从严治党、推进自我革命，勇于坚持真理、修正错误，勇于刀刃向内、刮骨疗毒。党的十八大以来，以习近平同志为核心的党中央，把全面从严治党纳入"四个全面"战略布局，以前所未有的勇气和定力推进党风廉政建设和反腐败斗争，刹住了一些多年未刹住的歪风邪气，解决了许多长期没有解决的顽瘴痼疾，清除了党、国家、军队内部存在的严重隐患，管党治党宽松软状况得到了根本扭转，为实现第一个百年奋斗目标提供了坚强政治保障，探索出依靠党的自我革命跳出历史周期率的成功路径，保证了党长盛不衰、不断发展壮大。

---

① 参见中共中央宣传部理论局：《中国制度面对面》，学习出版社、人民出版社2020年版，第230页。

近年来热播的一部部电视专题片,正是新时代全面从严治党向纵深推进的忠实记录。仔细观摩《作风建设永远在路上——落实中央八项规定精神正风肃纪纪实》《永远在路上》《打铁还需自身硬》《巡视利剑》《红色通缉》《国家监察》《正风反腐就在身边》《零容忍》,我们可以发现,这八部正风肃纪反腐"影像册"尽管侧重不尽相同,但其内核一脉相承:既是新时代全面从严治党不断向纵深推进的忠实记录,也是全面从严治党永远在路上的生动注脚。

比如,《零容忍》专题片的第二集《打虎拍蝇》披露,在持续的反腐败高压态势下,贵州省政协原党组书记、主席王富玉非法敛财二十余年,豪华别墅遍布多地,还采取规避监督的手段,先帮老板办事,等退休后再收钱,堪称"期权式腐败"典型。王富玉2018年退休,2021年7月被开除党籍。2021年11月30日,天津市第一中级人民法院一审公开开庭审理了王富玉一案,他当庭表示认罪悔罪,并痛骂自己:"我不知道要钱干什么,我吃喝不愁啊。你要钱干什么,埋你啊!"2022年1月17日,天津市第一中级人民法院公开宣判,决定执行死刑,缓期两年执行,剥夺政治权利终身,并处没收个人全部财产。同时,对其受贿所得及收益和用于抵缴受贿所得的财物依法予以没收,上缴国库。对王富玉案的严肃查处再次表明,对于腐败分子而言,没有什么"既往不咎"。违纪违法问题无论隐藏得多久、积累得多深,都有暴露的那一天,终究要付出沉重代价。同时也明确传递出反腐败力度不减、节奏不变,震慑效应越来越强的清晰信号。①

---

① 参见《全面从严治党专题片凸显政治意义警示意义宣传意义|零容忍!》,中央纪委国家监委网2022年1月19日。

 **延伸阅读**

党纪处分条例划出的这些新禁区

党员领导干部的家风，不仅关系自己的家庭，而且关系到党风政风。《关于新形势下党内政治生活的若干准则》明确规定："禁止利用职权或影响力为家属亲友谋求特殊照顾。"重庆市城口县人大常委会原党组书记、主任于少东为了满足儿子的"奢华梦想"，最终深陷"泥潭"、以受贿罪被判处有期徒刑12年，成为一损俱损的"家庭式腐败"惨痛案例。

于少东的儿子于某某大学毕业后，怀揣创业致富的梦想，却几无斩获，听到别人谈起工程项目中的巨额利润，他不禁想起了父亲手中的权力。在他的一次次"请求"下，于少东关照县发改委、国土房管局以及部分乡镇的相关负责人予以帮助，工程项目纷至沓来：某村安全饮水工程、道路硬化工程、土地开发项目、土地复垦工程⋯⋯⋯⋯随着工程项目的不断增多，于少东的儿子为自己购置了一栋豪华别墅，仅房屋装修就花了100多万元，还购买了一辆进口越野车，并雇佣一名专职司机为其服务。儿子的骄横奢华加速了于少东滑入贪腐"泥潭"，最终，他因大操大办儿子婚宴，利用职权和职务上的影响插手、干预建设工程，帮助其子承揽多个工程项目而受到严惩。①

被称为党内法规中的"刑法"的《中国共产党纪律处分条例》第十一章第一百三十六条规定："党员领导干部不重视家风建设，对配偶、子女及其配偶失管失教，造成不良影响或者严重后果的，给予警告或者严重警告处分；情节严重的，给予撤销党内职务处分。"对于这些负面清单，党员干部一定要清楚。

---

① 参见《党纪处分条例划出的这些新禁区，背后都有鲜活案例》，中央纪委国家监委网2018年9月4日。

二、始终坚守人民至上

民之所望,政之所向。为谁立命,为谁谋利,始终是一个根本性、方向性问题。在党的二十大报告中,"人民"两字出现的次数高达105次,"人民至上"出现了不止一次。党的十八大以来,以习近平同志为核心的党中央提出以人民为中心的发展思想,坚持一切为了人民、一切依靠人民,始终把人民放在心中最高位置、把人民对美好生活的向往作为奋斗目标,推动改革发展成果更多更公平惠及全体人民,推动共同富裕取得更为明显的实质性进展,把14亿多中国人民凝聚成推动中华民族伟大复兴的磅礴力量。

治理淮河,是历朝历代执政者不得不面对的难题。可是,我们看到历史上有些执政者或放任不管或以水代兵,给人民群众带来了深重的灾难。抗战期间,心无百姓的蒋介石政府为了阻断重要交通线,于1938年6月炸开郑州附近的花园口大堤,黄河向东滚滚流淌,再次夺淮入海,灾难重演,田园阡陌变成千里泽国,直接造成80多万人溺亡、390万人流离失所、1200多万人受灾。

党在新中国成立之初,面临着内忧外患、困难重重的困境,却仍然把治理淮河当成头等大事。1950年夏天,淮河发生了洪水,淮河全流域受灾面积4687万亩,受灾人口1339万人。7月20日,毛泽东第一次收到淮河灾区的急电,看过电文后,他心情沉重,立即将电报批给了周恩来:"周:除目前防汛外,须考虑根治办法,现在开始准备,秋起即组织大规模导淮工程,期以一年完成导淮,免去明年水患。请邀集有关人员讨论(一)目前防救、(二)根本导淮两问题。如何,请酌办。"[1]

---

[1]《毛泽东文集》第六卷,人民出版社1999年版,第85页。

1950年8月5日，距离上次淮河救灾批示只过去半个月，皖北区委书记曾希圣的加急电报再次被送到了毛泽东的案头，而这第二封电报所汇报的灾害程度，已经超出了所有人的想象，电文说道：由于水势凶猛，群众来不及逃走，攀登树上失足坠水或者在树上被毒蛇咬死者及翻船而死者统计489人，受灾人口占皖北地区总人口的一半，干部群众都极为悲观，灾民遇着干部抱头大哭，干部亦垂头流泪。看完电报以后，毛泽东再也无法抑制内心的悲痛，泪水夺眶而出，他在"被毒蛇咬死者""统计489人"等处划了重重红线，嘴里还不停念叨着："解放了，老百姓还受这么大罪！""不解救人民，还叫什么共产党！"立即批道："周：请令水利部限日作出导淮计划，送我一阅。此计划八月份务须作好，由政务院通过，秋初即开始动工。如何，望酌办。"① 后来为了推进治淮工程，毛泽东又作了两次批示。

那是一段艰难的日子。治淮规划的汇报和抗美援朝的战报交织出现在毛泽东的案头。内忧外患，斟酌权衡，他书房的灯常常彻夜不息，要求政务院必须把导淮工程和抗美援朝放在等量齐观的位置，并要求各部门和各地区必须以对人民高度负责的精神，以战斗的姿态，不计任何代价地落实。为了全面治理淮河，在国家财政十分紧缺的局面下，周恩来总理要求中财委，凡是涉及治淮的资金可以优先调配，更把充分发动和组织人民群众、自己动手治理淮河作为一个重要条件放在了治淮计划中。就这样，一个治理淮河的方案审议通过，治理淮河成为新中国治理大江大河的开端！

江山就是人民，人民就是江山。中国共产党领导人民打江山、守江山，守的是人民的心。通过治理淮河、开闸蓄水、抗洪抢险等，我

---

① 张守志：《中国王家坝》，中国水利水电出版社2009年版，第8页。

们看到了"坚持人民至上"作为我们党一以贯之的价值理念，乃是我们党不断发展壮大、从胜利走向胜利的重要法宝，彰显了我们党深厚的为民情怀。坚持人民至上，这是新时代中国特色社会主义思想首要的世界观和方法论，是中国共产党的立身之本、执政之基，也是我们前进路上解决各类问题的一把关键钥匙。

2020年8月18日至21日，习近平总书记赴安徽考察调研。8月18日，他走进阜南王家坝的田间地头看望慰问受灾群众。在场的群众说，当时35摄氏度的高温，他们都还戴着草帽遮阳，总书记就直接站在太阳下，和他们聊了好长时间。总书记问得很细致，"以前这地里种什么，现在改种了什么？损失能补上来吗？蓄洪时庄台上生活怎么样……"当时有一个细节，相信不少人都注意到了，有个群众讲道"那差远了"，因为口音问题总书记没有听清楚，他微微向前侧倾一下身子，问道："你说什么？"乡亲们告诉总书记："过去庄台整治前发洪水，庄台东头舀水喝，西头刷马桶。""变压器都在庄台下面，洪水一来就断电。生活非常不方便。今年蓄洪期间，大家住在庄台，电没断、水照供、生活用品有人送。现在水退了，都在抢种补种，水退到哪里，就补种到哪里。请总书记放心！"习近平总书记这才露出欣慰的笑容，高兴地说："我一直牵挂灾区的群众，看到乡亲们生产生活都有着落、有希望，我的心就踏实。"①

---

① 参见《习近平看望慰问安徽受灾群众：这一直是我牵挂的事》，共产党员网2020年8月19日。

 延伸阅读

"为民书记"郑培民

"为民书记"郑培民同志是继焦裕禄、孔繁森等先进模范人物之后，党的领导干部特别是高级干部自觉践行党的纲领宗旨的又一楷模。在"伟大的变革——庆祝改革开放40周年大型展览"的展厅里，湖南省委原副书记、省人大常委会原副主任郑培民，作为中国共产党的优秀党员，被列入改革开放40年"榜样的力量"。在常德百姓心中，这样一位担任领导职务近20年、时刻不忘以共产党员的党性要求规范自己的思想行为、全心全意为人民谋利益的好书记，也是在抗洪中和他们一起扛沙袋、堵缺口的战友。

1998年，惊涛骇浪挑战常德。湖南常德市安乡县，身受长江和澧水、沅水三大水系夹击，临洪大堤长达400公里，是历史悠久的"洪水走廊"。7月24日晚，安乡县安造垸溃垸。这个垸子里，有县城和5个乡镇、1个农场，共18万人，其中3/4的人口和财产，集中在安乡县城。如果县城不保，那么汹涌而来的洪水可以一直淹到三楼。当时的安乡县城，电力中断，一片漆黑，老百姓几乎都搬空了，就是没有离开家园的人，也搬到了相对安全的顶楼上。正当人们惶惶不安，没有主心骨的时候，郑培民来了，他不是象征性地点个卯就走，而是安营扎寨，住进了黑洞洞的县委招待所。"指挥抗洪的省委副书记和百姓一起住进了'水围子'。"消息不胫而走，人们悬着的心，咕咚一声落了地。

身为省委领导的郑培民十分清楚这个时候冲上前线、指挥抗洪的分量。他多年来对水利知识的学习和积累，对战胜洪水起到了决定性的作用。郑培民在安乡指挥了三大战役：赶在洪水扑到之前，抢修了一条11公里的隔堤，保住了安乡县城；指挥堵塞书院洲溃口，用血肉之躯

扼住了洪水之喉;湖北境内的黄金大坑溃决后,统帅抗洪大军进行了一场惊心动魄的北大堤保卫战,拒千里洪峰于湖南重镇常德市之外……

就着堤外滚滚洪水,郑培民坐在堤上,吃着盒饭,静静地度过了自己的55岁生日。①

"感动中国"2002年度人物颁奖辞说:"他身居高位而心系百姓,他以'做官先做人,万事民为先'为自己的行为标准,直到生命的最后时刻仍然不忘自己曾经许下的诺言。他树立了一个共产党人的品德风范,他在人民心里树立起一座公正廉洁为民服务的丰碑。"

三、发扬历史主动精神

有媒体盘点2021年度理论热词,其中"历史主动精神"被选为年度理论热词之一。党的十九届六中全会审议并通过的《中共中央关于党的百年奋斗重大成就和历史经验的决议》提出"历史主动精神"这一重要概念,强调以习近平同志为核心的党中央,以伟大的历史主动精神,推动党和国家事业取得历史性成就、发生历史性变革。今天的中国人民更加自信、自立、自强,极大增强了志气、骨气、底气,焕发出前所未有的历史主动精神。习近平总书记在党的二十大报告中开宗明义地指出,全党同志要"坚定历史自信,增强历史主动,谱写新时代中国特色社会主义更加绚丽的华章"。

顾名思义,伟大的历史主动精神,就是指把握历史大势、顺应历史潮流,乘势而上、顺势而为、因势利导,为实现中华民族伟大复兴中国梦接续奋斗和顽强拼搏、锐意进取。百年党史,就是一部中国共产党人掌握和运用马克思主义理论、主动认识和改造中国的历史。党

---

① 参见朱玉、董宏君:《公仆本色——追记湖南省委原副书记、省人大常委会原副主任郑培民同志》,《党建》2002年第11期。

的二十大报告指出："拥有马克思主义科学理论指导是我们党坚定信仰信念、把握历史主动的根本所在。"100多年来，千千万万共产党人为了理想信念，不惜抛头颅、洒鲜血。历史主动精神作为中国共产党人特有的精神品格，不仅是共产党人精神谱系的重要元素，更是共产党人精神血脉的重要基因。

中国工农红军的万里长征，就是一部气壮山河的英雄史诗。从瑞金算起，中央红军总共走了367天，走过了闽、赣、粤、湘、黔、桂、滇、川、康、甘、陕共11个省，跨过万水千山到达陕北，湘江战役、强渡大渡河、飞夺泸定桥、爬雪山、过草地……鲜血铺就二万五千里，留下了"金色的鱼钩""七根火柴"等无数感人至深的故事。在漫长的征途中，红军将士同敌人进行了600余次战役战斗，跨越近百条江河，攀越40余座高山险峰，其中海拔4000米以上的雪山就有20余座，穿越了被称为"死亡陷阱"的茫茫草地，用顽强的意志征服了人类生存极限，创造了气吞山河的人间奇迹。到底是什么力量支撑和激励了红军们战胜常人难以想象的艰难困苦？是无价的精神力量！1935年8月，红军过茫茫草地时，一个小战士不慎陷入沼泽。毛泽东正巧路过，他一把拉起小战士，一边笑着风趣地对大家说："别看他外表像个泥人，那泥里包着的可是钢铁。"① 这支骨瘦如柴的疲乏之师，还能笑谈"钢铁"。这"钢铁"到底是什么呢？"革命理想高于天"，这"钢铁"，就是革命的理想和信念。1938年4月，张闻天在陕北公学的演讲中说："原因就在于中国共产党在这次长征中充分地表现出了她为了自己的理想而牺牲奋斗与坚持到底的精神……我们那时只有一个思想，就是无论如何要克服这些困难，要为自己的理想奋斗到底。"对此，美国著名记者埃德

---

① 《毛泽东传》第一册，中央文献出版社2011年版，第365页。

加·斯诺在《红星照耀中国》一书中钦佩地写道:"冒险、探索、发现、勇气、胜利和狂喜、艰难困苦、英勇牺牲、忠心耿耿,这些千千万万青年人的经久不衰的热情,始终如一的希望,令人惊诧的革命乐观情绪,像一把火焰,贯穿着这一切,他们无论在人力面前,或者在大自然面前,上帝面前,死亡面前,都绝不承认失败。"① 2019 年 5 月 20 日,习近平总书记来到江西于都中央红军长征出发纪念馆,深情地说:"当年革命十分艰难,也可能不成功,但人们心中理想信念之火一经点燃,就永远不会熄灭,就一定会前赴后继,哪怕当时不成功,将来也必然成功!"② 中国共产党人和红军将士用生命和热血铸就的伟大长征精神,永远是鼓舞和激励我们把全国人民和中华民族的根本利益看得高于一切,坚定革命理想信念,不惜付出一切牺牲,紧紧依靠人民群众,患难与共、艰苦奋斗,不断攻坚克难、从胜利走向胜利的强大精神动力。

发扬历史主动精神,不仅要拥有对理想信念、初心使命的笃定不移、执着追求,更要具有对历史使命、时代重任、工作职责的强烈历史担当。2013 年 6 月 28 日,习近平总书记在全国组织工作会议上指出:"革命战争年代,检验一个干部理想信念坚定不坚定,就看他能不能为党和人民事业舍生忘死,能不能冲锋号一响立即冲上去,这样的检验很直接。和平建设时期,生死考验有,但毕竟不多,检验一个干部理想信念是否坚定确实比较难,X 光、CT、核磁共振成像也没有办法。当然,也不是不能检验。那就主要看干部是否能在重大政治考验面前有政治定力,是否能树立牢固的宗旨意识,是否能对工作极端负责,是否能做到吃苦在前、享受在后,是否能在急难险重任务面前勇

---

① [美]埃德加·斯诺:《红星照耀中国》,董乐山译,人民文学出版社 2016 年版,第 184 页。
② 《老区精神 永远镌刻在历史丰碑上》,《人民日报》2021 年 11 月 9 日。

挑重担,是否能经得起权力、金钱、美色的诱惑。"

《礼记·檀弓下》中《苛政猛于虎》一文,记载了孔子和弟子子路路过泰山时,遇到一名身世凄惨的妇女的故事。当地虎患严重,但其他地方的苛捐杂税更可怕,所以她和亲人宁愿一直住在这里。后来有多人连同她的亲人都被老虎咬死,只剩下她一人对着亲人的坟墓哭泣。后人从这个故事中引申出"苛政猛于虎"的古语,意即统治者的苛捐杂税比吃人的老虎更可怕。唐宋八大家之一的柳宗元在《捕蛇者说》中慨叹:"孔子曰'苛政猛于虎也。'吾尝疑乎是,今以蒋氏观之,犹信。"当前,"不敢腐"渐成气候,为官不为却日渐盛行。对此,李克强总理曾多次强调:"身在岗位不作为,拿着俸禄不干事,庸政懒政怠政也是一种腐败。"基层群众更是直言:如果说"苛政猛于虎",那么庸政懒政怠政就"胜猛虎""暴于虎"。①

 延伸阅读

让"躺平者"躺不住

如何倒逼基层干部转变作风,让"蜗牛"变为勤奋工作的"黄牛",很多地方进行了有效探索。如2019年底,广东省遂溪县举行年度作风建设"蜗牛奖"颁发大会,2个单位、5位干部"荣获"首届"蜗牛奖"。在浙江省丽水市缙云县2020年项目推进点评会上,当地县水利局水政科、舒宁医院迁建项目专人专班攻坚组2家单位因工作效率太低,也被颁发作风建设"蜗牛奖"。

无独有偶,据浙江在线2022年2月9日报道,2月8日,虎年第

---

① 参见何兴朝:《庸政猛于虎——庸政懒政怠政是一种变异的、隐形的腐败》,霍山县纪检监察网2017年4月25日。

二个工作日,景宁召开全县工作会议暨"大抓招引、大干项目"动员部署会,评选出了7个"景宁奋斗者"、3个"景宁躺平者"单位和乡镇。

景宁县发改局、标溪乡、县自然资源和规划局自然资源行政执法队3个"躺平者"单位和乡镇的负责人,上台从县领导手中接过了一面黄旗,旗上印着两行"不做躺平者 勇做奋斗者"的鲜艳红字,这让3位负责人齐齐"红了脸",更让台下的干部绷紧了弦。

2月11日,《丽水日报》头版专门对此刊发评论文章《让"躺平者"躺不住》指出:"对于放弃干事创业选择'一躺到底'的干部绝不能听之任之,必须对此予以高度重视。干多干少不一样,干好干坏大不同。在大会上把'躺平者''晒'出来,就是要挤压懒政惰政的生存空间,让'躺平者'躺不住,使广大干部产生危机感,从而激发积极性和潜能,倒逼转变工作态度、提升工作能力,真正把责任扛在肩上。"[①]

2016年10月21日,习近平总书记在纪念红军长征胜利80周年大会上郑重强调:"每一代人有每一代人的长征路,每一代人都要走好自己的长征路。今天,我们这一代人的长征,就是要实现'两个一百年'奋斗目标、实现中华民族伟大复兴的中国梦。"走在新时代的长征路上,斗争无时不在、无处不有,风险挑战明显增多,总想过太平日子、不想斗争是不切实际的。作为共产党人,任何时候都要有不信邪、不怕鬼、不当软骨头的风骨、气节、胆魄。必须坚持人民至上、把握历史规律、深化创新改革,保持干事创业的精神状态,始终为实现伟大梦想而锐意进取、奋发担当。

四、持续深化作风建设

2013年1月22日,面对经济取得快速发展的同时,一些领域消极

---

① 蒋子文:《脸挂不住了!浙江景宁县首评"躺平者"单位和乡镇,负责人上台领黄旗》,上观新闻2022年2月11日。

腐败现象仍然易发多发，一些重大违纪违法案件影响恶劣，反腐败斗争形势依然严峻，人民群众还有很多不满意。习近平总书记在中国共产党第十八届中央纪委第二次全体会议上强调改进工作作风的重要性："工作作风上的问题绝对不是小事，如果不坚决纠正不良风气，任其发展下去，就会像一座无形的墙把我们党和人民群众隔开，我们党就会失去根基、失去血脉、失去力量。"明确要求"各地区各部门要不折不扣执行改进工作作风相关规定，把要求落实到每一项工作、每一个环节之中"。"要以踏石留印、抓铁有痕的劲头抓下去，善始善终、善作善成，防止虎头蛇尾，让全党全体人民来监督，让人民群众不断看到实实在在的成效和变化。"2014年1月20日，习近平总书记在党的群众路线教育实践活动第一批总结暨第二批部署会议上，再次强调作风问题具有顽固性和反复性，形成优良作风不可能一劳永逸，克服不良作风也不可能一蹴而就。

有问题并不可怕，怕的是对问题麻木不仁、发现问题不去解决。1939年秋，刘少奇作为中共中央代表、中原局书记进入华中敌后，创建皖东根据地时曾引用"徙宅忘妻"的故事：鲁国国君鲁哀公不相信世上真有这么糊涂的人。有一次他问孔子："徙宅忘妻，您说真有这样的人吗？"孔子说："怎么没有，这不算稀奇，还有连自身都遗忘的人呢！"鲁哀公更加惊奇了，怎么会有这样的事儿呢？孔子说："这事儿也不算稀奇。譬如夏桀、商纣等暴君，荒淫无度，穷奢极欲，不理国事，不顾民生。结果，国家亡了，暴君们的命也完了。他们不但忘掉了国家，遗忘了人民，连自身都完全忘记了！"①

经过孔子的引申，被录入《孔子家语》中的"徙宅忘妻"者不再

---

① 曾峻、朱亮高等：《打铁还需自身硬——今天如何做一名共产党员》，上海人民出版社2016年版，第26—27页。

单纯指那些脾气急、容易健忘者,更多地指向于心中无国无民无责最终亡国、自身难保的为官者。在明代李贽的《史纲评要·唐纪》中,唐朝著名宰相魏征与唐太宗议论前朝兴衰,唐太宗听过这一故事后颇有感触地说:"是啊,我与诸位应当合力互助,别忘了国家和自身,免得也被人讥笑啊!"

中国共产党在长期的革命、建设、改革实践中,形成了自己独特的优良传统和作风。毛泽东指出:"以马克思列宁主义的理论思想武装起来的中国共产党,在中国人民中产生了新的工作作风,这主要的就是理论和实践相结合的作风,和人民群众紧密地联系在一起的作风以及自我批评的作风。"① 党的作风关系党的形象,关系人心向背,关系党的生死存亡。党的十八大以来,以习近平同志为核心的党中央,紧紧围绕全面从严治党这个主题,以作风建设为突破口,以上率下带动全党深入贯彻落实中央八项规定及其实施细则精神,坚持作风建设从严从实、常态长效,推动党风政风为之一新,党心民心为之大振。②

治国必先治党,治党务必从严,从严必依法度。习近平总书记指出:"党的十八大之后,党中央讨论加强党的建设如何抓时,就想到要解决'老虎吃天不知从哪儿下口'的问题。后来决定就抓八项规定,下口就要真正把那块吃进去、消化掉,不要这吃一嘴那吃一嘴,囫囵吞枣,最后都没有消化。我们抓住作风建设这条主线,一以贯之,步步深入。"③ 2012年12月4日,中央政治局召开会议,审议通过了《十八届中央政治局关于改进工作作风、密切联系群众的八项规定》,规定从调

---

① 《毛泽东选集》第三卷,人民出版社1991年版,第1093—1094页。
② 参见张荣臣:《持之以恒推进作风建设》,《党建研究》2021年第5期。
③ 习近平:《在第十八届中央纪律检查委员会第六次全体会议上的讲话》,《人民日报》2016年1月12日。

查研究、会议活动、文件简报、出访活动、警卫工作、新闻报道、文稿发表、勤俭节约八个方面对加强作风建设立下规矩，寥寥百字，却直面现实问题，提出具体要求。

中央八项规定作为党的十八大后出台的第一部中央党内法规，也是新时代开启全面从严治党、依规治党的"破题之作"，可以说既是党中央管党治党的切入口和动员令，也是党中央向全党全国人民作出的庄严承诺。它既不是最高标准，更不是最终目的，只是我们党改进作风的第一步。正是这个看似很小的切口，却释放出党中央下定决心推进作风建设的强烈信号。① 正如习近平总书记语气笃定地指出："规定就是规定，不加'试行'两字，就是要表明一个坚决的态度，表明这个规定是刚性的。""我们说了不是白说，说了就必须做到，把文件上写的内容一一落到实处。"② 因此，中央八项规定既是党中央管党治党的切入口和动员令，也是党中央向全党全国人民作出的庄严承诺。

2021年6月18日，习近平总书记等党和国家领导同志来到中国共产党历史展览馆，参观"不忘初心、牢记使命"中国共产党历史展览，感悟党的百年奋斗之路。在中央八项规定展板前，习近平总书记停下脚步："现在这里面的8条，精简会议活动、改进警卫工作、改进新闻报道、厉行勤俭节约，做得都不错，还是要反复讲、反复抓……"2021年岁末，中共中央政治局召开专题民主生活会，一如既往再次聚焦作风建设。会议指出："作风建设永远在路上，任何时候都不能松懈。要坚持自我革命，以钉钉子精神贯彻中央八项规定及其实施细则、整治'四风'、落实为基层减负各项规定，完善长效机制。"随着中央八项规

---

① 参见中共中央组织部党建研究所：《全面从严治党这五年——十八大以来党的建设和组织工作成就与经验》，党建读物出版社2018年版，第209页。
② 中共中央纪律检查委员会、中共中央文献研究室编：《习近平关于党风廉政建设和反腐败斗争论述摘编》，中央文献出版社、中国方正出版社2015年版，第68页。

定写入《中共中央关于党的百年奋斗重大成就和历史经验的决议》，作为新时代全面从严治党的成就和经验，镜鉴现实，指引未来。

新时代全面从严治党从制定和落实中央八项规定破题，坚持正风肃纪反腐一体推进，取得历史性、开创性成就。与此同时，我们还要清醒地看到，不正之风与腐败互为表里、同根同源。从很多腐败案件来看，腐败分子大都是从不良作风开始堕落的。有的领导干部多次接受或主动要求有利益勾连之人提供高档餐饮、旅游安排等活动，有的由吃喝收礼演变为权钱交易，有的与黑恶势力交杯换盏、勾肩搭背，败坏党风政风，严重侵害群众利益。因此，改进作风乃是对强化腐败源头治理、从源头预防腐败的一条有效途径。对此，党的二十大报告特别强调，要锲而不舍落实中央八项规定精神，坚持党性党风党纪一起抓，推进作风建设常态化长效化。广大党员干部要时时引以为鉴，牢记清廉是福、贪欲是祸，勤扫"思想尘"、常破"心中贼"，从思想上固本培元，提高党性觉悟，增强拒腐防变能力，涵养富贵不能淫、贫贱不能移、威武不能屈的浩然正气。把精力用在让老百姓过好日子上，让群众从具体的实际的事情中感受党的初心使命和优良作风。

 能力提升

走好新时代的"赶考"路

"一言一行系民生、一枝一叶总关情。"党的十八大以来，习近平总书记历年出席全国"两会"，除了跟代表委员们共商国是之外，都对民生"小事"格外关注。立足历史崭新起点，面对中华民族伟大复兴战略全局和世界百年未有之大变局，团结带领全党全军全国各族人民意气风发踏上实现第二个百年奋斗目标新的赶考之路，必须在担当历

史使命，掌握历史主动，坚持全面从严治党、坚守人民至上、持之以恒推进作风建设，坚持不懈推进中央八项规定精神贯彻落实等方面绝不能虎头蛇尾。

一要进一步坚守为民初心。为人民服务绝不是一句空话，更不是一朝一夕的事，须突出"实"字、终生践行。不担当、不作为、乱作为、慢作为的"躺平式干部"不仅损害群众利益，影响干部队伍的创造力、凝聚力、战斗力，而且拖经济社会发展的"后腿"，错失发展良机。广大党员干部一定要强化公仆意识，厚植为民情怀，多向困难群众、困难地区倾斜，多做"雪中送炭"的事，打造造福于民的"满意工程""民心工程"。

二要进一步坚定使命意识。从建党的开天辟地，到新中国成立的改天换地，到改革开放的翻天覆地，再到党的十八大以来取得历史性成就、发生历史性变革的惊天动地，根本原因就在于我们党始终坚守了为中国人民谋幸福、为中华民族谋复兴的初心和使命。在全面建设社会主义现代化国家新征程上，广大党员干部始终做到初心如磐、使命在肩、迎难而上、不懈奋斗，不断满足人民群众对幸福美好生活的新期待。

三要进一步筑牢斗争意识。敢于斗争是中国共产党鲜明的政治品格。船到中流浪更急，人到半山路更陡。到了愈进愈难、愈进愈险而又不进则退、非进不可的重要节点，广大党员干部只有主动投身到各种斗争中去，在大是大非面前敢于亮剑，在歪风邪气面前敢于坚持斗争，才能经受住风高浪急甚至惊涛骇浪的重大考验，走好新时代的"赶考"路。

第六章
"如虎添翼为群众"
——为民造福是最大政绩

2013年8月29日,习近平总书记来到位于辽宁大连高新技术产业园区的东软集团(大连)有限公司进行考察,听取产业园区负责人关于自主创新的情况汇报,察看虚拟五轴爬行机器人、车用氢燃料电池系统、智能矿山安全控制物联网系统等最新研发产品,了解东软信息化产品研发应用情况。在远程医疗管理系统显示屏前,习近平总书记同正在视频连线的北京中日友好医院院长通话,听说有1000多家医疗机构在用这个系统,习近平总书记很高兴,感慨地说,医疗卫生服务加上信息化,如虎添翼啊!要用医疗卫生服务信息化更好为群众服务。

"如虎添翼,服务为人民"的根本落脚点在于造福人民,这彰显了以习近平同志为核心的党中央深厚的为民情怀。习近平总书记指出,让老百姓过上好日子是我们一切工作的出发点和落脚点。① 实际上,早在1990年,习近平在任福州市委书记时就曾在《领导科学》上撰文指出:"有些人致仕数十年,终为名利所困,或一事无成,或身败名裂。究其原因,是没有树立正确的当官宗旨。"并强调,官之本在于"为官

---

① 参见《习近平在辽宁考察时强调 深入实施创新驱动发展战略 为振兴老工业基地增添原动力》,《人民日报》2013年9月2日。

一场，造福一方"。2012年11月15日，习近平总书记在十八届中央政治局常委同中外记者见面时更是向中国人民庄严承诺："人民对美好生活的向往，就是我们的奋斗目标。人世间的一切幸福都需要靠辛勤的劳动来创造。我们的责任，就是要团结带领全党全国各族人民，继续解放思想，坚持改革开放，不断解放和发展社会生产力，努力解决群众的生产生活困难，坚定不移走共同富裕的道路。"①党的十八大以来，以习近平同志为核心的党中央更是把为民造福作为工作的重中之重，取得了一系列辉煌成绩。《中共中央关于党的百年奋斗重大成就和历史经验的决议》中明确把"坚持人民至上"作为宝贵的历史经验，彰显了为民造福的理念。2022年10月23日，习近平总书记再次指出："新征程上，我们要始终坚持一切为了人民、一切依靠人民。一路走来，我们紧紧依靠人民交出了一份又一份载入史册的答卷。面向未来，我们仍然要依靠人民创造新的历史伟业。道阻且长，行则将至。前进道路上，无论是风高浪急还是惊涛骇浪，人民永远是我们最坚实的依托、最强大的底气。我们要始终与人民风雨同舟、与人民心心相印，想人民之所想，行人民之所嘱，不断把人民对美好生活的向往变为现实。"②

一、依靠群众如虎添翼，离开群众一事无成

"水能载舟，亦能覆舟。"作为执政党，长期脱离群众就必定会失去群众的信任和支持，失去靠山和力量，民心"长城"必然会轰然倒塌。2022年3月1日，习近平总书记在2022年春季学期中央党校（国

---

① 《十八大以来重要文献选编》（上），中央文献出版社2014年版，第70页。
② 《习近平在二十届中共中央政治局常委同中外记者见面时强调 始终坚持一切为了人民 一切依靠人民 以中国式现代化全面推进中华民族伟大复兴》，新华网2022年10月23日。

家行政学院）中青年干部培训班开班式上强调：年轻干部必须"贯彻党的群众路线，锤炼对党忠诚的政治品格，树立不负人民的家国情怀，追求高尚纯粹的思想境界，为党和人民事业拼搏奉献，在新时代新征程上留下无悔的奋斗足迹"[①]。

毛泽东指出："真正的铜墙铁壁是什么？是群众，是千百万真心实意地拥护革命的群众。这是真正的铜墙铁壁，什么力量也打不破的，完全打不破的。"[②] 人民是历史的创造者，人民是真正的英雄。社会历史从根本上说是生产发展的历史，是人民群众所创造的历史。中华民族的统一、中华疆域的开拓、中华文明的发展、中华历史的辉煌，从根本上说是中国人民不懈奋斗的产物。"一切为了群众，一切依靠群众，从群众中来，到群众中去"的群众路线，既是我们党的生命线和根本工作路线，也是我们党的根本领导作风和工作方法。改革开放40多年来，特别是党的十八大以来，在党中央的坚强领导下，党和国家事业发生历史性变革、取得历史性成就，中国特色社会主义进入了新时代。在当前世情国情党情发生深刻变化、改革发展稳定任务日益繁重的新形势下，开展以"我为群众办实事"的主题活动，强化群众观点、践行群众路线、提高为人民服务的能力，显得尤为重要。中国特色社会主义发展史告诉我们，依靠民众则一切困难能够克服，离开民众则将一事无成。

---

① 《习近平在中央党校（国家行政学院）中青年干部培训班开班式上发表重要讲话强调 筑牢理想信念根基树立践行正确政绩观 在新时代新征程上留下无悔的奋斗足迹》，《人民日报》2022年3月2日。

② 《毛泽东选集》第一卷，人民出版社1991年版，第139页。

 **延伸阅读**

依靠群众的光辉典范

毛泽东就是依靠群众的光辉典范。延安时期,毛泽东曾经两度"挨骂",都以极大的胸怀欣然接受。

毛泽东的第一次"挨骂"

1941年6月3日,陕甘宁边区政府在延安的杨家岭小礼堂召开边区各县县长联席会议,讨论征粮工作和农民负担问题。当天下午正在开会的时候,突然大风暴雨;一个炸雷,击断了礼堂的一根木柱,坐在附近的延川县代县长李彩云猝不及防,不幸触电身亡。同一天,一位农民饲养的一头驴也被雷电击死了。噩耗传开以后,人们议论纷纷。这位农民逢人就说:"老天爷不开眼,响雷把县长劈死了,为什么不劈死毛泽东?"保卫部门闻讯,要把这件事当作反革命事件来追查,逮捕这个"竟敢如此咒骂毛主席"的农民,并要公开处理,以一儆百。毛泽东从警卫员口中知道这件事以后,立即阻止了保卫部门的行动。

毛泽东说:"群众发牢骚,有意见,说明我们的政策和工作有毛病。不要一听到群众有议论,尤其是尖锐一点的议论,就去追查,就要立案,进行打击压制。这种做法实际上是软弱的表现,是神经衰弱的表现。我们共产党人无论如何不要造成同群众对立的局面。"毛泽东在延安还说过:"党群关系好比鱼水关系,共产党是鱼,老百姓是水;水里可以没有鱼,鱼可是永远也离不开水啊!"

毛泽东的第二次"挨骂"

不久,在陕甘宁边区的清涧县农村又发生了一起类似的事情。农妇伍兰花的丈夫在山上用铁犁耕地时,不幸被雷电击毙。伍兰花一边悲痛,一边大骂"世道不好""共产党黑暗""毛泽东领导官僚横行"

等。中央社会调查部闻讯后,把伍兰花拘押到延安,并由保卫部门建议判处死刑,报陕甘宁边区高等法院审判和中央审批以后即在清涧县枪毙,以此来稳定社会局势和群众情绪。

毛泽东从社会调查部部长康生派人送来的《情况汇报》中,知道了这件事。他对社会调查部的人说:"你们不能这样做嘛!……中央设立社会调查部,不是设几个官位。如果不做调查,就随随便便抓人、杀人,这是国民党的黑暗做法!就这些而论,人家骂得就有道理呀!"后来经过调查得知,该妇女的丈夫死了,家里的顶梁柱就没有了,而边区因为战事需要征税过高,导致她的压力很大。

毛泽东对身边人说:"她家困难多,当地政府要特别照顾。对于清涧县群众的公粮负担问题,边区政府要认真调查研究,该免的要免,该减的要减。我们决不能搞国民党反动派那一套,不管老百姓的死活!"①

在1945年4月24日党的七大政治报告中,毛泽东强调指出:"有无认真的自我批评,也是我们和其他政党互相区别的显著的标志之一。"从此,批评和自我批评与理论联系实际、密切联系群众一起,成为中国共产党必须永远保持和发扬的"三大优良作风"。"依靠民众则一切困难能够克服,任何强敌能够战胜。"②民心是最大的政治,决定事业兴衰成败。江山就是人民,人民就是江山,打江山、守江山,守的是人民的心。中国共产党是人民的党,为人民而生,因人民而兴。习近平总书记的话语,揭示了中国共产党赢得民心的奥秘。③"党只有紧紧地依靠群众,密切地联系群众,随时听取群众的呼声,了解群众的情绪,代表群

---

① 参见《毛泽东在延安两次"挨骂"的真相》,央广网2016年5月15日。
②《毛泽东军事文集》第二卷,军事科学出版社、中央文献出版社1993年版,第381页。
③《"向着新的奋斗目标,出发!"——记习近平总书记带领中共中央政治局常委瞻仰延安革命纪念地》,《人民日报》2022年10月29日。

众的利益，才能形成强大的力量，顺利地完成自己的各项任务。"①

广大党员干部只有"把屁股端端地坐在老百姓的这一面"，把解决群众需求当作最强劲的工作动力，才能真正地和群众的感情融合在一起，才能真正地服务群众，从而激发和调动群众的积极性、主动性、创造性，群众才能真正地拥护我们的党，支持我们的干部开展各项工作，使党和人民的事业不断地推向前进。

 **延伸阅读**

依靠群众，如虎添翼

在新疆乌鲁木齐市公安局天山区分局赛马场派出所巴哈尔路南社区，有这样一位叫肉扎吉·艾尼瓦尔的辖区民警，他在工作中有一句座右铭："依靠群众，如虎添翼；离开群众，一事无成"。

巴哈尔路南社区居民有1700多户、3000多人，老年人居多，肉扎吉总是利用空余时间为老人们或有特殊情况的居民提供一些力所能及的服务。随着"放管服"改革的不断深入，肉扎吉的"服务范围"扩大了，慢慢地，他与群众之间的距离也因此拉近了很多。比如，2017年初，辖区一个居民身份证办好后6个多月，迟迟没来派出所拿。肉扎吉试着给对方打电话，得知这位居民已经70多岁，子女不在身边，家里只有他一人。肉扎吉当天下班后第一时间就将身份证送到老人手中。从此，肉扎吉把给辖区一些行动不便或家庭情况特殊人员送身份证这项"额外"的工作坚持下来。"这样虽然增加了我的工作量，但辖区很多居民因此和我成了好朋友，节假日或平时都会发短信或微信问候，我觉得很值得，很幸福"，肉扎吉说。正是一心为群众服务，肉扎

---

① 《邓小平文选》第二卷，人民出版社1994年版，第342页。

吉的工作也得到了群众的理解和支持。以前，辖区民警入户走访，很多人都不愿意多说。现在，辖区居民主动打电话，给民警反映辖区各种治安隐患，给辖区民警的工作带来很多便利。

二、勇敢战胜前进道路上各种险阻

"一个有希望的民族不能没有英雄，一个有前途的国家不能没有先锋。"①2013年11月3日，习近平总书记来到湖南省花垣县十八洞村考察，在施成富家前坪一小块平地上召开座谈会时指出："发展是甩掉贫困帽子的总办法，贫困地区要从实际出发，因地制宜，把种什么、养什么、从哪里增收想明白，帮助乡亲们寻找脱贫致富的好路子。"在这里，习近平总书记首次提出"精准扶贫"理念，作出"实事求是、因地制宜、分类指导、精准扶贫"的重要指示。

按照习近平总书记的要求，十八洞村着力打造"旅游+"产业体系，成立农旅农民专业合作社，大力发展苗绣、黄桃等民族工艺和特色产业，实现"抱团"发展，带来规模效应，实现整村脱贫。随着村里产业不断发展，年轻人也纷纷"飞"回村庄，养蜂、开店、刺绣、办农家乐、直播带货。24岁的施林娇是十八洞村土生土长的苗家阿妹，也是十八洞村第一代返乡创业的大学生。回乡后，她和施康、施志春做起了电商直播，如今已是湘西有名的带货达人。2016年底，十八洞村实现脱贫摘帽，136户贫困户、533位村民告别贫困。2020年，全村人均纯收入达到18369元，村集体收入达到200万元。

因为贫困，在十八洞村，找对象曾是一个"老大难"问题。2013年，40岁以上的大龄单身村民还有30多个。随着十八洞村脱贫致富后，

---

① 习近平：《在颁发"中国人民抗日战争胜利70周年"纪念章仪式上的讲话》，《人民日报》2015年9月3日。

如今，外出的女儿们回到了十八洞村，外乡的姑娘们嫁进了十八洞村，大龄"光棍"们纷纷脱单，一场脱贫又脱单、优美又诙谐的甜蜜大会，正在十八洞村幸福上演。

"雨露阳光，润我家乡，饮水思源，自立自强。"这是十八洞村新修订的村规民约。十八洞村党支部书记、村委会主任施金通说，脱贫摘帽不是终点，而是新生活、新奋斗的起点。十八洞村将牢记习近平总书记的嘱托，全力推动乡村振兴战略，让群众的幸福感、获得感越来越强，生活越来越甜蜜。①

习近平总书记指出："社会是在矛盾运动中前进的，有矛盾就会有斗争。领导干部不论在哪个岗位、担任什么职务，都要勇于担当、攻坚克难，既当指挥员、又当战斗员，培养和保持顽强的斗争精神、坚韧的斗争意志、高超的斗争本领。"②党的十八大以来，全国共派出25.5万个驻村工作队，累计选派290多万名第一书记或驻村干部。他们坚守在脱贫任务最艰巨的地方，瞄准最难啃的"硬骨头"。以习近平同志为核心的党中央团结带领全党全国各族人民，把脱贫攻坚摆在治国理政突出位置，充分发挥党的领导和我国社会主义制度的政治优势，采取了许多具有原创性、独特性的重大举措，组织实施了人类历史上规模最大、力度最强的脱贫攻坚战，创造了人类减贫史上的奇迹。8年持续奋斗，832个贫困县和12.8万个贫困村全部摘帽，现行标准下近1亿农村贫困人口全部脱贫，如期完成了新时代脱贫攻坚目标任务。贫困群众获得感幸福感安全感显著增强，建档立卡贫困人口全部实现不愁吃不愁穿，全面

---

① 参见《史诗般攻坚中的十八洞村，结出精准扶贫"幸福果"》，红网2021年2月25日。
② 《习近平在中央党校（国家行政学院）中青年干部培训班开班式上发表重要讲话强调 发扬斗争精神增强斗争本领 为实现"两个一百年"奋斗目标而顽强奋斗》，《人民日报》2019年9月4日。

实现义务教育、基本医疗、住房安全和饮水安全有保障，人均纯收入从2015年的2982元增加到2020年的10740元，年均增幅29.2%，自主脱贫能力稳步提高。中国成功地解决了绝对贫困和区域性整体贫困问题，比联合国2030年可持续发展议程确定的减贫目标提前了10年，世界上还没有哪一个国家在这么短的时间内创造这样的减贫奇迹。① 我国为全球减贫事业作出了重大贡献。

但我们仍要清醒地认识到，"越是接近民族复兴越不会一帆风顺，越充满风险挑战乃至惊涛骇浪"②，前进道路上还有许多"娄山关""腊子口"需要去攻克，这就要求全党同志务必敢于斗争、善于斗争。斗争精神、斗争本领，不是与生俱来的，党员干部必须经受严格的思想淬炼、政治历练、实践锻炼，在复杂严峻的斗争中经风雨、见世面、壮筋骨。要自觉培养草摇叶响知鹿过、松风一起知虎来的见微知著能力，善于不断培养战略思维、创新思维、辩证思维、法治思维、底线思维，切实把专业知识、专业能力、专业作风、专业精神在工作中统一起来，履行好自身岗位赋予的职责。

三、走好新时代网上群众路线

中国互联网络信息中心（CNNIC）发布的第50次《中国互联网络发展状况统计报告》显示：截至2022年6月，我国即时通信用户规模达10.27亿，较2021年12月增长2042万，占网民整体的97.7%。网络新闻用户规模达7.88亿，较2021年12月增长1698万，占网民整体的75.0%。网络直播用户规模达7.16亿，较2021年12月增长1290万，

---

① 参见《8年持续奋斗 1亿人脱贫！中国脱贫攻坚创造历史伟业》，央视新闻2021年2月24日。

②《习近平谈治国理政》第三卷，外文出版社2020年版，第542页。

占网民整体的 68.1%。短视频用户规模为 9.62 亿，较 2021 年 12 月增长 2805 万，占网民整体的 91.5%。①随着网民总体规模持续增长、数字政府建设发展加速，网上政务服务正在成为创新行政管理、优化营商环境的重要手段，成为服务人民群众的重要渠道。同时，网络舆论乱象丛生，严重影响人们思想和社会舆论环境。各级领导干部该如何面对"网络"这一工作新形态，成为工作的重要组成部分。

互联网时代，网络思维理当成为广大党员干部的"必修课"。习近平总书记强调："网民来自老百姓，老百姓上了网，民意也就上了网。群众在哪儿，我们的领导干部就要到哪儿去。""各级党政机关和领导干部要学会通过网络走群众路线，经常上网看看，潜潜水、聊聊天、发发声，了解群众所思所愿，收集好想法好建议，积极回应网民关切、解疑释惑。"②在 2022 年春季学期中央党校（国家行政学院）中青年干部培训班开班式上，他再次语重心长地告诫广大领导干部要知网、懂网、用网，了解群众所思所愿，收集好想法好建议，积极回应网民关切。为了召开好党的二十大，习近平总书记要求相关部门研究吸收网民对党的二十大相关工作意见建议。他特别强调，要走好新形势下的群众路线，善于通过互联网等各种渠道问需于民、问计于民，更好倾听民声、尊重民意、顺应民心，把党和国家各项工作做得更好。媒体是体现国家情怀、汇聚百姓力量的一个重要平台，领导干部要提升知网懂网学网用网的能力水平，走好网上群众路线，更好地为民谋事办事、建功立业。

提升网络舆情研判能力。网络舆情一头连着党情，一头连着民情，

---

① 参见《CNNIC 发布第 50 次〈中国互联网络发展状况统计报告〉》，中国新闻网 2022 年 8 月 31 日。
②《习近平谈治国理政》第二卷，外文出版社 2017 年版，第 336 页。

是政策制定落实、政务活动开展的"晴雨表"。要强化舆情意识，把网络作为搜集舆情信息的重要渠道，登录重点网站、关注微信公众号、浏览微博热点，有效收集事关本地本系统的舆情信息，对群众点赞的工作继续保持发扬，对负面批评信息及时查清症结，对中肯的意见建议纳入下步工作打算，把群众的"好差评"变为干部的"正衣镜"。要提升引导舆情的能力，加大惠民政策网上宣传推介力度，对群众质疑集中、反映强烈的事项，召开新闻发布会、网上通报情况、在线答复网友提问，澄清谬误、解疑释惑，保持网络空间风清气正。

新时代不断提高做好群众工作的本领，需要在线上为走好群众路线开渠引流，在线下为完善治国理政添砖加瓦。随着互联网的飞速发展，网上党务政务服务已经成为服务群众的重要方式，精细化、特色化的便民服务普遍得到群众的认可。要善于借势借力，顺应信息化发展趋势，充分运用互联网思维、云计算技术、大数据优势，积极搭建联系服务群众的网上平台、软件系统，推动惠民事项网上办、掌上办，让群众足不出户即可享受便捷服务。要完善线下帮办代办配套服务机制，通过发放说明书、明白卡、操作演示视频等方式，帮助群众熟悉使用网上平台和软件系统，在政务服务大厅、党群服务中心和村社区便民服务站配齐帮办代办工作人员，满足老年人、残疾人、未成年人等个性化服务需求，让群众办事省心又舒心。为了让各方诉求得到充分表达，更加高效地满足人民需求，各级领导干部要善于利用网络解决群众诉求，利用网络理政平台铺就民意绿色通道，激发党心民意同频共振。

人民日报社《民生周刊》杂志社与复旦发展研究院传播与国家治理研究中心和复旦大学新闻学院共同发布"中国网络理政十大卓越案例（2016—2021）"，即爱安吉App、成都市网络理政平台、广西北海智慧党建、胶东在线、宁波市鄞州区网络界联合会、上海"一网通办"、上海市宝山"社区通"、深圳智慧党建、腾讯为村、银川政务微博矩阵。

　　这十大案例基本上反映了我国各级政府运用互联网实现善治的最高水平。浙江爱安吉 App 走出县级融媒体建设过程中自建客户端的深化运营和服务输出的成功之路；成都市网络理政平台旨在给民众与政府的沟通提供一条更为便利的途径，同时也能从大数据中解读反映出的民生问题，让政府决策更加科学有效、社会治理更符合群众意愿，从而达到双赢的局面；烟台市的"胶东在线"已经成为一个全媒体的互联网服务平台，多方面满足市民信息获取大部分需求，方便市民工作和生活；宁波市鄞州区通过成立网络界联合会"鄞光溢彩"，强化网络媒体统筹合作、引导自媒体自律守信、服务网络企业健康发展、指导网络社会组织规范运营，构建了网络社会柔性治理新模式；上海"一网通办"从帮老百姓办好一件件"小事"入手，倒逼政府内部的流程再造和数据治理，推动了政府提供公共服务的理念和方式的革命性重塑；上海市宝山"社区通"深入践行了人民城市发展理念，有效提升了社区凝聚力和居民参与自治共治的主体意识，也有助于基层政府更好以需求为导向供给公共产品；广西北海智慧党建与深圳智慧党建是互联网社会条件下推进组织体系、服务体系和技术体系有机融合的党建工作形态创新的典范；腾讯为村构建了互联网科技赋能，破解乡村治理难题，助力党建引领精准脱贫、乡村社会治理和乡村振兴，构建数字乡村发展的新模式和新路径；银川政务微博矩阵通过不断"建章立制"和持续优化"矩阵式"组织管理机制，实现了银川市党政主要领导干部"人走政不息""一任接着一任干""一张蓝图绘到底"，确保了其科学化、协作化、高效化的稳定健康有序运行。① 在党的主导下，地方政

---

① 参见《平台善治，"中国网络理政十大卓越案例"》，复旦发展研究院网 2021 年 12 月 27 日。

府通过互联网平台进行数据分析、网络回应和协调治理，实现了公共事务的有效治理和公共利益的全面增进。

第一，走好新时代网上群众路线，态度是前提。因为有共情才能共赢，有担当才能出实干。虽然连着网线、隔着屏幕、相距千万里，但是对待群众的态度不能远、感情不能淡、责任心不能变。

网民来自四面八方，观点和想法五花八门，对待网民首先要多些包容和耐心。有些领导干部畏网如畏虎，说到底是对网络监督不适应。事实上，基于网络身份的不确定性，有些网民的言论确实有些过激，对待网民须有胸怀，不能眼里容不下沙子。网上的每一条群众诉求和建议，既是社情民意的直观表达，也是与时俱进的治理命题。

实践证明，网络舆情中能发现治理的难点，网络留言中能看到治理的盲点，网友建议中能找到治理优化的起点。"十四五"规划建议中，就有在人民网"领导留言板"上呼声很高的"互助性养老"。可以说，用好互联网这个"开放的智库"，有利于把加强顶层设计和坚持问计于民统一起来，对于推进国家治理体系和治理能力现代化大有裨益。①

第二，走好新时代网上群众路线，制度是关键。对于网民意见建议，要建立健全网络舆情办理工作制度，使网民诉求能够顺畅反映上来，说了有人听、听了有人办。对于重要政策出台和重要项目建设，应引入舆情前置评价机制，充分考虑方方面面的意见，避免陷入"事前议论纷纷，事后纷纷议论"的尴尬境地。对于网上热点敏感问题要常态化引导，通过信息发布、网络评论、对话访谈等形式解疑释惑、回应关切、理顺情绪。要不断提高做好群众工作的本领，在线上为走好群众路线开渠引流，在线下为完善治国理政添砖加瓦。每一位党员

---

① 参见仝宗莉：《走好新时代网上群众路线》，《人民日报》2020年11月13日。

干部都应坚持"面对面""键对键"相结合，抓住一个"干"字，紧盯一个"实"字，从细节入手，从小事做起，着力解决群众的操心事、烦心事，以实际成效取信于民，更好满足人民群众日益增长的美好生活需要。

俗话说"民有所呼，我有所应，民有所求，我有所为"。网络是虚拟的，但网络群众工作来不得半点虚的，网络群众路线本质上是线下群众工作的空间延伸，其核心要义还是在于带着真情做群众工作，帮助群众解决实实在在的问题、难题。如果不上网、不重视网络建设、不会充分利用，就不能算是一个现代化的党员干部，更是无法与网民紧密接触，就会失去与网民沟通交流的平台。前文所述的人民网"领导留言板"与人民日报客户端一起，受权开设"我为党的二十大建言献策"专栏，再次成为网友建言献策的重要渠道，也再次彰显了走好网上群众路线的时代意义。群众上网、用网，干部学网、懂网，共同画好网上网下"同心圆"，就一定能以务实之举解决好群众的操心事、烦心事，不断增强人民群众的获得感、幸福感、安全感。

四、医疗卫生服务信息化更好为群众服务

习近平总书记在2013年8月29日考察东软集团（大连）有限公司时强调："要用医疗卫生服务信息化更好为群众服务。"为我们大胆探索使用"互联网+"医疗卫生服务，如虎添翼地为人民群众服务指明了前进方向。

医疗卫生服务信息化是国际发展趋势，也是我国医疗改革的重要内容和必由之路。中央将新农合信息化建设作为两大核心基础医疗信息化建设之一，进行区域医疗信息化系统、电子病历系统及居民健康档案系统的建设工作。"十三五"以来，按照实施健康中国战略要求，

中央和地方不断加大投入力度,着力强基层、补短板、优布局,医疗卫生服务体系不断健全,基本医疗卫生服务公平性可及性不断提升,经受住了新冠肺炎疫情的考验,人民健康水平持续提高,为全面建成小康社会提供了坚实保障。正如党的二十大报告指出,必须清醒看到,群众在就业、教育、医疗、托育、养老、住房等方面面临不少难题。"十四五"时期,从需求侧看我国医疗卫生服务体系结构性问题依然突出。优质医疗资源总量不足,区域配置不均衡,医疗卫生机构设施设备现代化、信息化水平不高,基层能力有待进一步加强。因此,新时代要就公共卫生防控救治能力提升工程、公立医院高质量发展工程、重点人群健康服务补短板工程、促进中医药传承创新工程加强信息化建设,以服务人民群众的医疗需求。

对此,2021年7月1日,国家发展改革委、国家卫生健康委、国家中医药管理局与国家疾病预防控制局联合发布《"十四五"优质高效医疗卫生服务体系建设实施方案》(以下简称《方案》)指出,从供给侧看,我国医疗卫生服务体系结构性问题依然突出。优质医疗资源总量不足,区域配置不均衡,医疗卫生机构设施设备现代化、信息化水平不高,基层能力有待进一步加强。因此,该《方案》就公共卫生防控救治能力提升工程、公立医院高质量发展工程、重点人群健康服务补短板工程、促进中医药传承创新工程等分别提出建设目标与建设任务,其中均涉及加强信息化建设相关要求。特别强调,要加强县域医共体建设,鼓励依托县级医院建设开放共享的影像、心电、病理诊断、医学检验等中心,加强远程医疗和信息化设备配备,与高水平省市级医院对接,与基层医疗卫生机构联通。①

---

① 《提升信息化水平,建设优质高效医疗卫生服务体系》,HIT专家网 2021 年 7 月 2 日。

中国互联网络信息中心（CNNIC）发布的第 50 次《中国互联网络发展状况统计报告》显示，在线医疗用户规模达 3.00 亿，较 2021 年 12 月增长 196 万，占网民整体的 28.5%。①

比如，南宁市加大医疗卫生信息化建设，通过"互联网+医疗健康"服务来惠民惠医。新冠肺炎疫情发生后，全国各大医院普遍面临患者就诊高峰期人流密度大、人员防护难度大、患者交叉感染风险高等问题。广西壮族自治区南宁市卫健委集中技术力量，短时间内在市智慧健康信息平台上开通"抗击新冠肺炎专栏"在线咨询服务。全市有 22 家市、县级医院发热门诊、呼吸内科、儿科、中医科等临床科室的 280 多名专业医生在线提供咨询。市民通过在线语音、图文描述身体病情症状及上传病历资料，在线医生通过实时问询进行初步筛查，帮助其初步分析判断并提出相关建议。南宁市智慧健康信息平台为群众提供新冠肺炎防护咨询和健康教育，引导群众正确防控和及时就诊，缓解医院门诊压力，最大限度减少交叉感染。同时，平台每天及时更新全市最新疫情情况，方便市民在线获取最新疫情信息，减少因信息闭塞造成的恐慌和焦虑，更好地助力全市疫情防控工作。目前，远程影像和心电诊断系统平台覆盖了该市所辖 121 家乡镇卫生院、37 家市县级公立医院，上级医院为下级医院提供影像、心电诊断报告，构建了"基层检查、上级诊断"服务新模式，实现优质医疗资源对基层机构的覆盖，较好地解决了基层医疗机构诊断专家不足和水平不高的问题。

再如，陕西省咸阳市积极加强网络信息化建设，充分利用物联网、大数据、云计算等新一代信息技术，使人民群众看病难问题也得到了

---

① 参见《CNNIC 发布第 50 次〈中国互联网络发展状况统计报告〉》，中国互联网络信息中心网 2022 年 8 月 31 日。

有效缓解。据咸阳市相关人士介绍，自智慧医疗和一卡通建设以来，群众看病和报销医药费方便多了。"惠民一卡通"以居民健康卡为核心，记录了市民电子病历、健康档案等信息，还进一步集成了金融IC卡、身份识别等多项居民个人社会和公共服务功能，实现患者与医务人员、医疗机构、医疗设备之间的充分互动，受到了群众的欢迎。

　　党的十八大以来，伴随互联网、物联网、大数据等信息技术与医疗相融合，医院信息化建设进入新阶段。卫生健康系统认真贯彻落实党中央、国务院关于发展"互联网+"的重要决策部署，我国医疗服务正从信息化向智慧化过渡，取得了阶段性成效。一是流程更便捷。医疗机构特别是三级医院利用信息化手段，为患者提供预约诊疗、候诊提醒、院内导航、检查检验结果查询、划价缴费、健康教育等服务，努力做到了"四个减少"：患者往返医院次数减少，在医院内的重复排队减少，门诊全程候诊时间减少，平均住院日减少。二是服务更高效。医疗机构通过应用移动医疗App，让"指尖上的医疗服务"变成现实。医务人员使用移动查房、移动医嘱、移动护理设备和智能化、动态无线监控设备，减少了医疗服务的空间限制。在诊疗过程中使用语音输入病历、综合预警提醒、智能化诊疗决策支持，极大地提升了服务效率。三是管理更精细。目前，很多医院通过建立综合运营管理系统、医疗废弃物管理系统、智能被服管理系统、智能设备监控系统、智能能源管控系统等，实现了工作流程的闭环管理，相当于配备"智慧管家"，提高了医院管理的科学水平。党的二十大报告指出，要推进健康中国建设，把保障人民健康放在优先发展的战略位置，完善人民健康促进政策。我国医疗服务发展正处在从"信息化"向"智慧化"过渡的关键阶段，在提升医疗质量和效率，优化区域间医疗资源配置，改善人民群众看病就医感受等方面具有积极意义。

 **能力提升**

为民造福是最大政绩

习近平总书记在中央党校（国家行政学院）2022年春季学期中青年干部培训班开班式上强调"为民造福是最大政绩"，要求"贯彻党的群众路线，首先要对群众有感情，真正把自己当作群众的一员、把群众的事当作自己的事。要深入研究和准确把握新形势下群众工作的特点和规律，改进群众工作方法，提高群众工作水平。信访是送上门来的群众工作，要通过信访渠道摸清群众愿望和诉求，找到工作差距和不足，举一反三，加以改进，更好为群众服务。领导干部要学网、懂网、用网，了解群众所思所愿，收集好想法好建议，积极回应网民关切。要高度关注新业态发展，坚持网上网下结合，做好新就业群体的思想引导和凝聚服务工作"。

首先，深入挖掘群众路线的内涵。 一切为了群众、一切依靠群众，从群众中来、到群众中去的群众路线，是我们的事业不断取得胜利的重要法宝，也是我们党始终保持生机与活力的重要源泉。要深入学习、研究、讨论，使以百姓之心为心、密切联系群众入脑入心。群众路线是否应该走，应该怎么走，需要走到什么程度并不能只看到典型人物与典型事迹，还需要深入挖掘这些故事中群众路线的内涵。党员干部要不断深入挖掘群众路线的新内涵，在新的工作环境与时代背景中赋予群众路线新的含义，活学活用才是永葆党员先进性的不竭动力。

其次，准确把握中央关于为民服务的基本要求。 贯彻"照镜子、正衣冠、洗洗澡、治治病"的总要求，聚焦作风建设，突出解决当前在"四风"方面存在的主要问题，紧密联系工作实际，以整风精神开展批评与自我批评，通过群众提、自己找、上级点、互相帮，把问题

找出来,把根源分析透。认真抓好整改落实,制定整改落实方案,明确整改内容、时限、措施和责任,对突出问题进行集中治理。

最后,不断提高走好网上群众路线本领。广大党员干部要努力转变工作作风,走好网上群众路线,善于运用网络表达声音,了解民意、开展工作。借力网络汇聚民意民智,拓展工作的延伸触角,让群众成为"参政议政"的源头活水。对群众网络反映的问题要及时梳理,建立问题清单,做到网络回应与网下服务相结合,通过真心的回应,真正的服务,努力做到事事有回音,件件有着落,让人民群众更加具有获得感、幸福感、安全感!

第三篇

真理之光

第七章　"初生牛犊不怕虎"
　　　　——青春是用来奋斗的

第八章　"照猫画虎要不得"
　　　　——以我们正在做的事情为中心

第九章　"老虎屁股要摸得"
　　　　——群众才是真正的英雄

第七章
"初生牛犊不怕虎"
——青春是用来奋斗的

2016年4月26日，正值"五一"国际劳动节、"五四"青年节前夕，习近平总书记赴安徽调研，召开知识分子、劳动模范、青年代表座谈会指出："广大青年要保持初生牛犊不怕虎的劲头"，"让青春年华在为国家、为人民的奉献中焕发出绚丽光彩"。2019年4月30日，习近平总书记在纪念五四运动100周年大会上再次强调："新时代中国青年要担当时代责任。""要保持初生牛犊不怕虎、越是艰险越向前的刚健勇毅，勇立时代潮头，争做时代先锋。"

"初生牛犊不怕虎"一语最早出自《庄子·知北游》。"德将为汝美，道将为汝居，汝瞳焉如新出之犊，而无求其故。"① 《三国志·蜀志》中曾讲了这么一个故事：曹操手下大将庞德与关羽大战上百回合，不分胜负。关羽对部将关平说："庞德真不愧是猛将。"关平说："刚出生的小牛犊连老虎都不害怕，对他万万不可轻视。"② 后来，这一成语就用于形容敢作敢为的年轻人。"青年强，则国家强。当代中国青年生逢

---

① 文化部民族民间文艺发展中心选编：《中国义勇故事》，光明日报出版社2016年版，第44页。

② 杨晓光主编：《俗语故事选编》，中国社会出版社2010年版，第225页。

其时，施展才干的舞台无比广阔，实现梦想的前景无比光明。"① 习近平总书记反复强调这句话就是启迪我们，年轻人往往拥有难得的勇气与冲劲，会无视眼前的困难，奋勇向前，不可轻视；同时也是警示我们，勇敢固然可贵，也要保持冷静、清醒的头脑，不要因为冲动导致不可挽回的后果。

一、立志是人生奋斗的前提

据《说文解字》记载："志，意也"，志字本义为内心追求的目标。"心有所忆谓之意，意之所存谓之志"，志为"意之所存"，是心里始终存有的念想，不管在任何情况下，这种意念始终不变，正如孔子所说"君子无终食之间违仁，造次必于是，颠沛必于是"，即便只是吃一顿饭、睡一场觉的功夫，也不会忘记有些东西是已经坚持、正在坚持、还是要坚持的。

立志是人生奋斗的前提。志向是漫漫人生路上指引前行的心灯。纵观历史，古今多少第一等事业，都是那些早早树立了第一等志向的人做出来的。无数志士仁人正是树立"为天地立心，为生民立命，为往圣继绝学，为万世开太平"的坚定志向，矢志进取，才成就了自己人生的意义与价值。越王勾践，被吴王军队打败后，卧薪尝胆，励精图治，最后"三千越甲"把吴王打败，成为春秋时期最后一位霸主。年轻的霍去病以"匈奴未灭，何以家为"激励自己，后来为西汉扫除边患、开疆拓土，立下汗马功劳。而24岁的青年毛泽东在《致黎锦熙信》中谈到立志，强调："真欲立志，不能如是容易，必先研究哲学、

---

① 习近平：《高举中国特色社会主义伟大旗帜　为全面建设社会主义现代化国家而团结奋斗——在中国共产党第二十次全国代表大会上的报告》，人民出版社2022年版，第71页。

伦理学,以其所得真理,奉以为己身言动之准,立之为前途之鹄,再择其合于此鹄之事,尽力为之,以为达到之方,始谓之有志也。如此之志,方为真志。"①收到信的当天,黎锦熙便在日记中写下:"下午接润之信,大有见地,非庸碌者。""为中华之崛起而读书"是少年周恩来的宏大志向。"大江歌罢掉头东,邃密群科济世穷。面壁十年图破壁,难酬蹈海亦英雄。"19岁的周恩来在赴日留学前,挥笔赋诗,抒发胸臆,最终成为新中国的缔造者之一。

志存高远方能登高望远,胸怀天下才可大展宏图。有什么样的志向,就会成就什么样的事业。那么当代青年应该树立什么样的大志呢?习近平总书记曾多次引用"志不立,天下无可成之事""功崇惟志,业广惟勤"等古语,鼓励青年朋友要树立远大志向并为之不懈奋斗。2017年5月,习近平总书记在中国政法大学考察时强调:"立志是一切开始的前提,青年要立志做大事,不要立志做大官。"深刻指明了当代青年的价值追求、人生方向。

"有求为圣人之志,然后可与共学。"不可否认,曾经有一段时间,对金钱、权力等外在物质生活的追求,成为一些人的人生目标。在市场经济的现代社会,通过合理合法的手段、方式,凭借自己的能力打拼过上富足的生活,不但无可厚非,而且应该赢得尊敬。但是,人是需要一点精神的。物质的成功只是人生的一部分,而且是人生需求的"低端"部分。心理学家早就指出,一个人要成就"完美人格",就必须在尊重需求、审美需求、自我超越等这些"中高端"人生需求方面获得满足。

1985年6月,习近平同志从河北正定,来到中国改革开放的前沿

---

① 《毛泽东早期文稿(1912.6—1920.11)》,湖南出版社1990年版,第86页。

城市福建厦门。在1985年11月市委常委的组织生活会上,参会人员分别谈了自己的思想工作生活情况,习近平同志的发言曾给大家留下很深印象:"我来厦门工作,用孙中山先生'不要立志做大官,而要立志做大事'来勉励自己,地位变了,作风不能变。"①心怀梦想,脚踏实地,为厦门发展做"大事",是习近平同志到任厦门时的一份初心。他立志要做的"大事",不仅包括那些把脉改革发展大势、擘画宏观工作思路的"高大上"的事,也包括抓金融体制改革、关心教育事业发展、帮助以军营村为代表的落后村镇精准脱贫等一件件关乎民生的贴心事。大力整治筼筜湖水质便是习近平同志当时攻坚最难啃的一块"硬骨头"。

筼筜湖曾是一个天然避风港。海湾细长,宛若臂膀,由西向东,挽住厦门岛。渔船入夜停靠,灯火绵延。"最爱月斜潮落后,满江渔火列筼筜。""筼筜渔火",便是厦门著名的"老八景"之一。20世纪70年代,厦门向海要地,筑堤围湖,筼筜港成了筼筜湖。污水横流,垃圾遍地,蚊蝇滋生,鱼虾绝迹——20世纪80年代初,筼筜湖一度成了令人望而生畏的臭水湖。

1988年3月30日,厦门市政府召开"综合治理筼筜湖"专题会议。时任厦门市委常委、常务副市长的习近平同志主持会议,创造性地提出治湖思路20字方针——"依法治湖、截污处理、清淤筑岸、搞活水体、美化环境",确定治湖方略,开启了筼筜湖的蝶变。会后,厦门市成立了筼筜湖治理领导小组。一场治理筼筜湖的硬仗从此拉开帷幕。

此后30多年,厦门市久久为功,一张蓝图绘到底。昔日黑臭的筼筜湖换了新颜,如今变成了"城市会客厅"、厦门的"新名片"。2017年9月,习近平主席在厦门出席金砖国家工商论坛期间称赞:"抬头仰

---

① 《习近平在厦门》,中共中央党校出版社2020年版,第7页。

望是清新的蓝,环顾四周是怡人的绿。""今天的厦门已经发展成一座高素质的创新创业之城,新经济新产业快速发展,贸易投资并驾齐驱,海运、陆运、空运通达五洲。今天的厦门也是一座高颜值的生态花园之城,人与自然和谐共生。"

从习近平同志当年这些施政作为中,青年人可以深切领悟到:立志是一切工作的前提,青年要立志做大事。即便我们暂时处于平凡岗位,或许还不曾遇到急难险重,但仍然要始终怀着一份"士不可不弘毅"的担当精神,立足本职,埋头苦干,胸怀长远抱负,从点滴做起,把小事当大事干,把小事干成大事,用一流的业绩成就精彩的人生。

青春是用来奋斗的。奋斗是需要生命自觉的。生命自觉是需要大志唤醒的。当代青年如何获得生命自觉?一个重要途径是亲近伟大的榜样。习近平总书记深情回忆起上初一时学习穆青撰写的焦裕禄文章的感受:"这件事一直影响着我。直到我从政,直到我担任县委书记,后来担任总书记,焦裕禄精神一直是一盏明灯。"[1]习近平总书记以身许党许国的大志,就是这么一点一滴积淀起来的。

马克思在自己的中学毕业论文《青年在选择职业时的考虑》一文中写道:"如果我们选择了最能为人类福利而劳动的职业,那么,重担就不能把我们压倒,因为这是为大家而献身;那时我们所感到的就不是可怜的、有限的、自私的乐趣,我们的幸福将属于千百万人。"[2]当代青年生长于改革开放的大好年代,担负着实现"两个一百年"奋斗目标、实现中华民族伟大复兴中国梦的历史责任,更应与时代同心同行,立大志做大事,让我们的幸福属于千百万人。

---

[1]《习近平考察中国政法大学:青年要立志做大事》,人民网2017年5月3日。
[2]《马克思恩格斯全集》第四十卷,人民出版社1982年版,第7页。

二、奋斗是青春最亮丽的底色

士不可以不弘毅，任重而道远。志向越是远大，就意味着实现的路途将越遥远艰辛。历史的长河奔腾不息，奋斗的道路曲折艰辛。艰难困苦，玉汝于成，越是困难、越要坚持奋斗，这才是"有志者，事竟成"的真谛。2022年5月11日，习近平总书记在庆祝中国共产主义青年团成立100周年大会上发表重要讲话指出："奋斗是青春最亮丽的底色，行动是青年最有效的磨砺。有责任有担当，青春才会闪光。青年是常为新的，最具创新热情，最具创新动力。党和人民事业发展离不开一代又一代有志青年的拼搏奉献。"

1916年，李大钊在《青春》一文中寄语青年"进前而勿顾后，背黑暗而向光明，为世界进文明，为人类造幸福"。青年兴则国家兴，青年强则国家强。青年一代有理想、有本领、有担当，国家就有前途，民族就有希望。青年是社会中最有生气、最有闯劲、最少保守思想的群体，蕴含着改造客观世界、推动社会进步的无穷力量。广大青年勇做新时代的弄潮儿，自觉听从党和人民召唤，胸怀"国之大者"，担当使命任务，到新时代新天地中去施展抱负、建功立业，争当伟大理想的追梦人，争做伟大事业的生力军，让青春在祖国和人民最需要的地方绽放绚丽之花。

2022年是中国共产主义青年团成立100周年。100年来，在党的坚强领导下，一代又一代青年坚定信念，坚定不移跟党走，为党和人民奋斗，投身到革命、建设与改革事业中，不惜牺牲"小家"成全"大家"，为争取民族独立、人民解放和实现国家富强、人民幸福而贡献力量，谱写了中华民族伟大复兴进程中激昂的青春乐章。回首百年波澜壮阔的历史进程，无论风云变幻、沧海桑田，中国青年爱党、爱国、

爱人民的赤诚追求始终未改,始终把人生奋斗汇入时代洪流,以青春之我、奋斗之我,为国家、为民族前赴后继。

在新民主主义革命时期,广大青年踊跃投身反帝反封建的工人运动、农民运动、学生运动,积极参加党领导的革命武装,在打倒军阀、抗日救亡、推翻国民党反动统治的伟大斗争中,冲锋陷阵,展现出不怕牺牲、浴血奋斗的精神风貌。赵一曼牺牲时31岁,陈延年、陈乔年牺牲时不到30岁,陈树湘牺牲时年仅29岁。踏上长征之路的红军,是世界上不曾有过的一支军队:指挥员的平均年龄不足25岁,战斗员的平均年龄不足20岁,14岁至18岁的战士至少占40%。孤军远征的红二十五军,平均年龄不过20岁,"这一部队大多数战斗员的年龄只是13岁到18岁",被一些人称作"娃娃军团"。当年采访红军的美国作家海伦·斯诺在《续西行漫记》中写道:"使我印象最深的却是那使这支军队有独特性的两点——年轻和牺牲精神……"[①] 在血与火的考验中,数以千万计的青年前仆后继,为国家、为民族、为人民献出年轻的生命,书写了壮丽的人生篇章。

在社会主义革命和建设时期,广大青年积极参与中华民族有史以来最为广泛而深刻的社会变革,组建青年突击队、青年垦荒队、青年扫盲队,开展学雷锋活动,团结带领广大团员青年激发出"敢教日月换新天"的豪情,喊出"把青春献给祖国"的响亮口号,向科学进军,向困难进军,向荒原进军,展现出敢于拼搏、辛勤劳动的精神风貌。1962年,年仅22岁的雷锋因公殉职。有人梳理雷锋日记,发现有100多处提到"人民""把有限的生命投入到无限的为人民服务之中去",他对自己抠门对别人大方,攒钱捐给灾区,送给有困难的战友,时常

---

① 田鸿儒、古琳晖、于海涛:《自古英雄出少年——解读红军长征中年轻将士的精神内核》,《解放军报》2016年10月21日。

义务劳动，在火车上帮旅客端茶送水……1963年3月5日，毛泽东发出"向雷锋同志学习"的号召。2018年9月28日，在东北三省考察的习近平总书记来到抚顺市雷锋纪念馆，向雷锋墓敬献花篮，并强调："我们既要学习雷锋的精神，也要学习雷锋的做法，把崇高理想信念和道德品质追求转化为具体行动，体现在平凡的工作生活中，作出自己应有的贡献，把雷锋精神代代传承下去。"

在改革开放和社会主义现代化建设新时期，广大青年发出"团结起来、振兴中华"的时代强音，在现代化建设各条战线上勇立潮头，展现出敢闯敢干、引领风尚的精神风貌。他们踊跃投身改革开放的生动实践，听党指挥不偏向，紧跟党走不动摇，把青春汗水挥洒在中国特色社会主义伟大事业的各领域各方面，在经济社会发展中发挥了生力军和突击队作用。1979年3月，根据党中央提出的要进行社会主义现代化建设"新长征"的要求，共青团中央决定在全国青年中开展"争当新长征突击手"活动。这场活动很快在全国各行各业蓬勃开展起来，形成了比、学、赶、帮、超的竞赛热潮。当时，全国国有经济单位及城镇集体经济单位职工数为9499万人，青年工人占一半以上。作为新长征突击手活动的基本形式，青年突击队、青年掘进队、青年质量管理小组、青年安全监督岗、青年文明岗等"青"字号组织蓬勃发展，在经济建设中发挥了重要作用。从1984年起，共青团中央发起了"为重点建设献青春、争当新长征突击手"活动。仅在当年，全国就有100多万青年、7000多支青年突击队参加了竞赛，有力地促进了"六五"计划的实施。1986年有600多项青年突击工程参赛，比1985年翻了一番。"争当新长征突击手"活动是中国青年运动的重要发展，它把经济建设与思想建设相结合，把劳动竞赛与青年学科学、学技术相结合，以此来提高广大青年建设社会主义现代化的技能本领，具有鲜明的时

代特色。①

中国特色社会主义进入新时代，广大青年积极投身伟大斗争、伟大工程、伟大事业、伟大梦想波澜壮阔的实践，坚持守正创新、踔厉奋发，在脱贫攻坚战场摸爬滚打，在科技攻关岗位奋力攀登，在抢险救灾前线冲锋陷阵，在疫情防控一线披甲出征，在奥运竞技赛场奋勇争先，在保卫祖国哨位威武守护，在党和人民最需要的时刻冲得出来、顶得上去，展现出自信自强、刚健有为的精神风貌。习近平总书记在全国抗击新冠肺炎疫情表彰大会上高度褒扬青年："世上没有从天而降的英雄，只有挺身而出的凡人。青年一代不怕苦、不畏难、不惧牺牲，用臂膀扛起如山的责任，展现出青春激昂的风采，展现出中华民族的希望！"

时代各有不同，青春一脉相承。一百多年来，中国广大青年始终与党同心、跟党奋斗，把忠诚书写在党和人民事业中，把青春播撒在民族复兴的征程上，把光荣镌刻在历史行进的史册里。在新的征程上，新时代中国青年要牢记习近平总书记于2022年10月28日在河南安阳考察时所强调的："年轻一代要继承和发扬吃苦耐劳、自力更生、艰苦奋斗的精神，摒弃骄娇二气，像我们的父辈一样把青春热血镌刻在历史的丰碑上。"用青春的能动力和创造力激荡起民族复兴的澎湃春潮，用青春的智慧和汗水打拼出一个更加美好的中国！

三、新时代赋予青年新使命

2022年4月25日，在五四青年节即将到来之际，习近平总书记来到中国人民大学考察调研，同师生代表亲切座谈，也对全国广大青年提出殷切希望："立足新时代新征程，中国青年的奋斗目标和前行方向

---

① 参见胡献忠：《团结起来 振兴中华——改革开放新时期青年运动综述》，中国青年网2019年4月15日。

归结到一点,就是坚定不移听党话、跟党走,努力成长为堪当民族复兴重任的时代新人。"

当代青年与新时代同向同行、共同前进,生逢盛世、重任在肩。在新时代的广阔天地里,当代青年用中国梦激扬青春梦,把个人理想追求融入国家和民族的事业中。在工厂车间一线,青年工人苦练本领,精益求精,拧好每个螺丝、焊好每个接头,让"中国制造"走向世界;在田间地头,青年农民寒耕暑耘、精耕细作,努力把中国人的饭碗牢牢端在自己的手中;在城市的大街小巷,快递小哥、外卖骑手风里来雨里去,为千家万户传递幸福与温暖。① 新时代的青年,踏实奋斗,勇于磨砺自己,不怕苦、不畏难,在各行各业的平凡岗位书写非凡奋斗故事、诠释奋斗精神。正是这样的担当与出彩所汇聚成的磅礴伟力,推动了社会的发展、人民的幸福、民族的振兴。他们用奋斗证明了新时代的中国青年是好样的,是堪当大任的。

在打赢脱贫攻坚战的过程中,截至 2021 年,47 万名"三支一扶"人员参加基层支教、支农、支医和帮扶乡村振兴(扶贫),数百万青年学生参与"三下乡"社会实践活动,为脱贫攻坚和乡村振兴提供新助力,涌现了许多用生命坚守初心和使命的优秀青年,谱写了新时代的青春之歌,最美奋斗者黄文秀就是"上下同心、尽锐出战、精准务实、开拓创新、攻坚克难、不负人民"伟大脱贫攻坚精神的最美代表。

2019 年 6 月 16 日,广西壮族自治区百色市委宣传部理论科原副科长黄文秀,北京师范大学毕业后主动回到百色革命老区工作,2018 年初主动请缨到百坭村任第一书记,工作表现非常突出。2019 年 6 月 16 日晚,黄文秀冒着暴雨开车返回工作岗位,途中遭遇山洪,不幸因公

---

① 参见章清:《彰显青年一代的闯劲、锐气和担当》,《光明日报》2022 年 4 月 25 日。

牺牲，年仅30岁。习近平总书记对黄文秀同志先进事迹作出重要指示，强调黄文秀同志研究生毕业后，放弃大城市的工作机会，毅然回到家乡，在脱贫攻坚第一线倾情投入、奉献自我，用美好青春诠释了共产党人的初心使命，谱写了新时代的青春之歌。广大党员干部和青年同志要以黄文秀同志为榜样，不忘初心、牢记使命，勇于担当、甘于奉献，在新时代的长征路上作出新的更大贡献。黄文秀用生命践行了要帮助贫苦群众脱贫的理想抱负。她为家乡的扶贫事业奉献了自己的一切。

面对来势汹汹的新冠肺炎疫情，一大批"90后""00后"医务人员英勇逆行，与病魔顽强抗争，守护人民生命安全，让人深受感动。曾几何时，社会上对年轻一代特别是"90后"有很多不同的看法，质疑现在的年轻人、年轻干部能不能接好接力棒，能不能堪当实现中华民族伟大复兴的重任。在抗击疫情中，我们看到了广大年轻人、年轻干部在危急时刻挺身而出、敢打敢拼，年轻的医务人员写下"不计报酬、不畏生死、随叫随到"的请战书，奋勇冲锋，他们在不同岗位上都发挥了生力军作用，干出了中国新一代年轻人、年轻干部应有的样子。新冠肺炎疫情发生以来，32万余支青年突击队、550余万名青年奋战在医疗救护、交通物流、项目建设等抗疫一线，为打赢疫情防控的人民战争、总体战、阻击战作出重大贡献。他们在火线上激扬青春力量，以行动书写青春篇章，以无私无畏的精神放射出新时代中国年轻一代的荣光。阳光下像个孩子，风雨中像个战士的他们，回应了时代的呼唤。正所谓"艰难方显勇毅，磨砺使得玉成"。习近平总书记深有感触："过去有人说他们是娇滴滴的一代，但现在看，他们成了抗疫一线的主力军。"[1]

同样，在2022年北京冬奥会上，我国代表团运动员1/4为"00后"。

---

[1]《习近平总书记考察武汉东湖新城社区微镜头 "武汉必将再一次被载入英雄史册！"》，《人民日报》2020年3月11日。

新一代年轻运动员跃上舞台、集体亮相，在与世界最高水平运动员的竞技中惊艳世界。他们不但以初生牛犊不怕虎的劲头和勇气，敢于拼搏、连创佳绩，更集中展现了新时代中国青年一代阳光、自信、奋发的精神风貌，赢得了对手的高度尊重，受到了场内外观众的广泛赞誉。单板滑雪运动员苏翊鸣说："能够出生在这样一个伟大的国家和时代，感到十分幸运"，"努力为中国冰雪运动添彩，为祖国贡献青春和力量"。

新时代是追梦者的时代，也是广大青年成就梦想的时代。2022年4月25日，习近平总书记在中国人民大学考察时强调："广大青年要做社会主义核心价值观的坚定信仰者、积极传播者、模范践行者，向英雄学习、向前辈学习、向榜样学习，争做堪当民族复兴重任的时代新人，在实现中华民族伟大复兴的时代洪流中踔厉奋发、勇毅前进。"广大青年要按照习近平总书记提出的明确要求，以实现中华民族伟大复兴为己任，立大志、明大德、成大才、担大任，从内心深处厚植对党的信赖、对中国特色社会主义的信心、对马克思主义的信仰，在思想洗礼、在实践锻造中不断增强中国人的志气、骨气、底气，让革命薪火代代相传。要坚定中国特色社会主义道路自信、理论自信、制度自信、文化自信，在全面建设社会主义现代化国家新征程中勇当开路先锋、争当事业闯将。要把听党话、跟党走的信念变成自觉追求，赓续红色血脉、传承红色基因，用脚步丈量祖国大地，用眼睛发现中国精神，用耳朵倾听人民呼声，用内心感应时代脉搏，把对祖国血浓于水、与人民同呼吸共命运的情感贯穿学业全过程、融汇在事业追求中。

一代人有一代人的长征，一代人有一代人的担当。建成社会主义现代化强国，实现中华民族伟大复兴，是一场接力跑，每一代人都要跑出好成绩。实现中国梦是一场历史接力赛，当代青年要在实现民族复兴的赛道上奋勇争先。时代总是把历史责任赋予青年。青年强，则

国家强。在党的二十大报告中，习近平总书记专门对青年和青年工作作出重要阐述，号召广大青年要坚定不移听党话、跟党走，怀抱梦想又脚踏实地，敢想敢为又善作善成，立志做有理想、敢担当、能吃苦、肯奋斗的新时代好青年，让青春在全面建设社会主义现代化国家的火热实践中绽放绚丽之花。

四、蛮干不如巧干

中国民间有句谚语是老百姓根据生活实际总结出来的："劈柴不照纹，累死劈柴人。"说的就是做事决不能只顾蛮干，而应学会巧干。巧干就是要摸清形势，找准规律，慎重下手，巧用策略。正如用钥匙开锁，摸清了锁的内部，用恰当的方法，才能轻易打开锁。在历史上有许多以少胜多，以弱胜强的"巧干"战役，如人们津津乐道的"火烧赤壁"。曹操明显是仗势欺人，气势汹汹，而诸葛亮和周瑜在分析了曹操不善水战的情况后，运用"连环计""苦肉计"，最后巧借东风，火烧赤壁，打败曹操的八十万大军，取得了赤壁之战的胜利，一举奠定了"三国鼎立"的基础。倘若东吴与蜀硬与曹操正面交锋，只怕到时真是"铜雀春深锁二乔"了。这也是为什么人们说会下棋的人，是"棋不看三步不捏子"的。巧干要求人们多思多想，对不了解的情况决不轻易下结论，方是智者所为。

回顾历史，能成大事者，大多是处变不惊，有策略有计划达到自己目标的人。这些人通常能够把握规律，抓住关键，集中力量到一点去突破，达到事半功倍。此乃巧干之实质也。人们常说："三岁孩子做了再想，六十岁的老人想了再做。"此言不虚。"初生牛犊不怕虎"，我们需要有闯劲的人，但并不是仅凭匹夫之勇蛮干硬闯。好力气也要有好头脑，勇气结合巧干，才能问鼎辉煌。

巧干，不是偷懒和投机取巧的代名词，而是说我们做事要讲究方法，不能凭借一腔热血蛮干，要讲究技巧。当前，经济社会发展呈现出一系列阶段性特征，新情况、新问题、新矛盾不断涌现，我们不熟悉、不了解的东西越来越多，面临问题的复杂程度、解决问题的艰难程度远超以往，很多人很多时候"新办法不会用、老办法不管用、硬办法不敢用、软办法不顶用"，这就要求我们不能蛮干、盲干、胡乱干，而要巧干、精干、实干。

第一，巧干，必须坚持统筹兼顾，深谋远虑，努力做到突出重点、突破难点、引导热点。必须在搞清楚情况的基础上，统筹兼顾、综合平衡，突出重点、带动全局，有的时候要抓大放小、以大兼小，有的时候又要以小带大、小中见大，形象地说，就是要十个指头弹钢琴。这就要求我们做工作、干事业，必须具备科学的方法论。内容上，要善于抓住"把方向、谋全局、抓大事、带队伍、管干部、聚力量"这几个关键；方法上，要善于多案在胸、多策在手、多法并举，实现工作落实效能的最大化；效果上，要善于奖惩兑现、恩威并施，借势发力、顺势而为。

第二，巧干，必须向理论学习、向实践学习、向群众学习，不断总结经验教训，提高科学办事能力。现实生活中我们碰到的各类矛盾和困难，大都是过去我们不曾碰到的新问题，既没有现成的答案，也不能走回头路。一味蛮干，大而化之地搞"一刀切""一锅煮"，往往是"竹篮打水一场空"，既付出了无数的心血、汗水，又得不到应有的结果、实效。只有边干边总结，掌握新的理论知识和科学方法，从繁杂问题中把握事物的规律性，从偶然问题中揭示事物的必然性，才能找准问题，认识原因，做到忙而有序、事半功倍。

第三，巧干，必须转变观念、开拓创新，尤其要用新眼光观察问题，从新角度提出问题，用新思路分析问题，用新方法解决问题。实

践发展永无止境，旧的问题解决了，又会产生新的问题。每个时代总有属于它自己的问题，只有用改革的思路、创新的办法去直面困难、化解矛盾，才能找到破解问题的新办法，创造性地化解新的挑战。要敢于接烫手山芋，拿出改革创新的决心和韧劲，勇于担当、刨根问底，不做华而不实的表面文章，什么问题突出就改革什么，缺少什么就开创什么。如此工作才会得心应手，游刃有余，才能更好地为人民服务。

2022年5月2日，习近平总书记在给中国航天科技集团空间站建造青年团队回信中说："读了来信，我想起了9年前在你们那里同青年科研人员交流的情景。9年来，从天宫、北斗、嫦娥到天和、天问、羲和，中国航天不断创造新的历史，一大批航天青年挑大梁、担重任，展现了新时代中国青年奋发进取的精神风貌。""建设航天强国要靠一代代人接续奋斗。希望广大航天青年弘扬'两弹一星'精神、载人航天精神，勇于创新突破，在逐梦太空的征途上发出青春的夺目光彩，为我国航天科技实现高水平自立自强再立新功。"中国航天能取得今天这样举世瞩目的成就，离不开全体"不怕虎"的青年积极进取、奋发有为，巧干精干实干。

能力提升

敢试敢为，敢于做先锋

2022年"五四"前夕，习近平总书记在中国人民大学考察时，校史展里展出了两张老照片。那是38年前的夏天，中国人民大学暑期社会实践团赴河北正定调研，习近平同志和大学生们在一起谈心。面对几位即将毕业走上社会的学生提出的内心困惑："如何尽快甩掉书生气，尽快适应社会，缩短大学生在基层单位的适应时间"？习近平语重心长地说，要实现由大学生到基层行政干部的转变，一定要具备三个方面的素质，即要有忍耐力、直觉力和行政力。30多年后，在和北京大学师生座谈时，他进一步深刻指出："关键是要学会思考、善于分析、正确抉择，做到稳重自持、从容自信、坚定自励。"广大党员干部特别是年轻干部一定要有初生牛犊不怕虎的朝气冲劲，为青春搏击，为国家、为人民奉献。

首先，要有理想信念，立鸿鹄之志。信念是航标，是指引前进的方向。新时代的广大年轻干部要有远大的理想信念，早立志、立大志。要正确认识国家的前途和命运，把个人的成长进步同中国特色社会主义伟大事业、同祖国的繁荣富强紧密联系在一起，为担负起建设祖国、振兴中华的光荣使命做好准备。

其次，要学过硬本领，做栋梁之才。新时代的广大年轻干部要学习马克思主义理论，树立共产主义远大理想和中国特色社会主义共同理想，自觉践行社会主义核心价值观，大力弘扬爱国主义精神、牺牲精神、奉献精神和创造精神。立足岗位、迎难而上、攻坚克难、创先争优，做到不信邪、不怕鬼、骨头硬，努力成为行业骨干、青年先锋。

最后，要立足岗位实干，显奋斗之为。新时代的广大年轻干部应有梦想和追求，不仅要有仰望星空的情操，更要有脚踏实地的努力。要立足岗位，扎根基层，吃苦在前、享受在后，甘于做一颗永不生锈的螺丝钉。要埋头苦干、实干，耐得住寂寞、守得住清贫，做艰苦奋斗、无私奉献的模范。

在世界百年未有之大变局与中华民族伟大复兴的历史交汇期，在迈向第二个百年奋斗目标的新征程中，作为堪当民族复兴重任的时代新人，我们要珍惜这个时代、担负时代使命，在担当中历练，在尽责中成长，在实现中国梦的生动实践中放飞青春梦想，努力成为德智体美劳全面发展的社会主义建设者和接班人。

第八章
"照猫画虎要不得"
——以我们正在做的事情为中心

2014年2月17日，习近平总书记在省部级主要领导干部学习贯彻十八届三中全会精神全面深化改革专题研讨班上发表重要讲话指出："如果不顾国情照抄照搬别人的制度模式，就会画虎不成反类犬，不仅不能解决任何实际问题，而且还会因水土不服造成严重后果。"2014年9月5日，习近平总书记在庆祝全国人民代表大会成立60周年大会上再次强调："照抄照搬他国的政治制度行不通，会水土不服，会画虎不成反类犬，甚至会把国家前途命运葬送掉。只有扎根本国土壤、汲取充沛养分的制度，才最可靠、也最管用。"2016年5月17日，习近平总书记在哲学社会科学工作座谈会上讲话指出："当代中国的伟大社会变革，不是简单延续我国历史文化的母版，不是简单套用马克思主义经典作家设想的模板，不是其他国家社会主义实践的再版，也不是国外现代化发展的翻版，不可能找到现成的教科书。""一切刻舟求剑、照猫画虎、生搬硬套、依样画葫芦的做法都是无济于事的。"

相传明末年间，登州府蓬莱城有个非常出名的画家。他特别喜欢水浒故事，擅长画梁山好汉。他画了梁山一百零七个好汉，只剩下武松没画。他觉得画武松离不开老虎，可他又不熟悉老虎，所以拖到最后。这一年他得了重病，自知命不久矣。咽气之前，他把徒弟叫到面前交代说:"一定要找到老虎,看仔细了再动笔把画作完成。"徒弟遵照师傅的嘱咐,带着干粮和防身的刀棍便到山上寻虎,可找了数天也没找到。这时他碰见了一个小和尚,小和尚说:"这有何难,你去找只猫不就行了吗?它俩长得一样。再说,猫还是老虎的师傅呢!你照猫画虎准成。"徒弟觉得有道理,就回家找了一只大黄猫,这位画家照着样子把虎画成了。有个文人看了这幅画作后,在武松打虎图边上题词道:佳作名画,一百单八将个个英雄,唯有武二郎误把黄猫作虎。从此,照猫画虎的故事便传开了,并成为一个俗语,专门形容那些做事不深入实际、流于形式主义的人或事。

"物之不齐,物之情也。"世界上没有放之四海而皆准的政治发展模式,也没有一成不变的政治发展道路。独特文化传统、独特历史命运、独特国情决定中国必然选择适合自己特点的政治制度。

一、坚持中国道路

中国特色社会主义是实现中华民族伟大复兴的必由之路。2021年7月1日,习近平总书记在庆祝中国共产党成立100周年大会上指出:"我们坚持和发展中国特色社会主义,推动物质文明、政治文明、精神文明、社会文明、生态文明协调发展,创造了中国式现代化新道路,创造了人类文明新形态。"中国共产党自成立之日起就把实现中华民族伟大复兴作为自己的历史使命,不懈探索中国现代化道路、推进中国现代化事业。新中国成立70多年来特别是改革开放40多年来,在中国共产党的领导下,我们成功开创了这条中国式现代化新道路,实现了人类历史上前所未有的大变革。中国式现代化新道路,是全面建成社会主义现代化强国、实现中华民族伟大复兴的必由之路。

鲁迅先生曾说过:"什么是路?就是从没路的地方践踏出来的,从

只有荆棘的地方开辟出来的。"①道路问题是关系党的事业兴衰成败的首要问题，没有人比中国人更懂得找到一条正确道路的重要性。可是找到这条路的过程可以说是筚路蓝缕、历经坎坷。中国近代史，既是资本主义列强侵略中国、勾结中国封建统治者把中国变为半殖民地半封建社会的屈辱史；也是中国人民不断反抗外国资本主义侵略和反抗本国封建统治的抗争史；同时更是中国社会各阶级、各阶层、各政治派别探索国家出路的探索史。这种抗争与探索，对外以反侵略、捍卫民族独立为旗帜；对内以反专制独裁、争取社会进步为核心，抗争与探索互相交织，推动中国社会不断向前发展。鸦片战争后，西方列强环伺、纷至沓来，强迫中国割地、赔款，攫取种种特权；腐朽的清政府日益成为外国资本主义统治中国的工具，卖国无能，扼杀中国生机。中国逐步沦为半殖民地半封建社会，中华民族遭受了前所未有的劫难。举目四望，"满地兵燹，疮痍弥目，民生凋敝，亦云极矣"②，人类苦到了极处，社会黑暗到了极处。先进的中国人开始探索救国救民的道路。

首先奋起抗争的是地主阶级的先进知识分子，如林则徐、魏源，他们疾呼"开眼看世界"，主张向西方学习先进的科学军事技术、抛弃"天朝上国"的包袱，"师夷长技以制夷"。地主阶级的洋务派把这一思想付诸实践，掀起一场轰轰烈烈的洋务运动。由于洋务运动没有否定阻碍中国社会发展的封建制度，因此注定了最终失败的命运。不屈不挠的中国人又开始了新一轮的抗争。这次领导救国救民斗争的是中国民族资产阶级。如康有为、梁启超等领导维新变法，主张学习日本，在中国实现君主立宪。由于中国封建顽固势力异常强大，这种尝试也

---

① 鲁迅：《生命的路》，《鲁迅全集》第一卷，载《习近平谈治国理政》第三卷，外文出版社2020年版，第184页。

②《李大钊全集》第一卷，人民出版社2006年版，第12页。

失败了。孙中山领导的辛亥革命推翻了统治中国几千年的君主专制制度,但未能改变中国半殖民地半封建的社会性质和中国人民的悲惨命运。"风雨如磐暗故园",国家蒙辱、人民蒙难、文明蒙尘的状况并未改变,亡国灭种的危机仍未消除,中国人陷入深深的困惑当中。

19世纪末20世纪初期,先进的知识分子赴美、赴日、赴欧洲留学,苦苦探索救国救民的道路,陈独秀等认识到中国思想文化是阻碍社会进步的罪魁祸首。毛泽东在《心之力》中提出"救国救民,首先要破除旧思想旧文化",他的老师杨昌济格外欣赏这篇作文,给他打了105分,而满分是100分。陈独秀创办了《新青年》《每周评论》等宣传新思想的期刊,撰写了大量文章,并领导了新文化运动,打出了"打倒孔家店"的旗帜,把西方的"民主"与"科学"作为挽救中国的最后一根稻草。俄国十月革命一声炮响,给中国送来了马克思主义,中国开启了走马克思主义的道路。

百年沧海桑田,在中华民族积贫积弱、任人宰割之时,我们党肩负使命、砥砺前行,一次次碰壁、一次次觉醒,一次次实践、一次次突破,最终走出了一条成功之路,开创出一条中国式现代化新道路,中华民族迎来了从站起来、富起来到强起来的伟大飞跃,中华民族伟大复兴进入了不可逆转的历史进程。

中国共产党在百年奋斗中始终坚持从中国国情出发,探索并形成了符合中国实际的正确道路。习近平总书记在庆祝中国共产党成立100周年大会上发表重要讲话,回顾党百年奋斗光辉历程,展望中华民族伟大复兴光明前景,系统阐述了以史为鉴、开创未来必须牢牢把握的"九个必须"经验启示和根本要求,既是对党百年历史经验的深刻总结,又是新时代新征程上党领导人民做好各项工作的根本要求。其中,"必须继续推进马克思主义中国化"和"必须坚持和发展中国特色社会主

义",强调了党必须坚持的指导思想和正确道路。

改革开放以来,中国共产党团结带领中国人民坚定不移走中国特色社会主义道路,经济实力、科技实力、综合国力大幅提升,国际地位空前提高,人民生活由温饱不足跨越到全面小康,创造了经济快速发展、社会长期稳定的奇迹。有学者形象地比喻:相较于西方国家现代化是一个"串联式"的发展过程,工业化、城镇化、农业现代化、信息化顺序发展,中国的现代化是一个"并联式"进程,用几十年的时间走过了西方发达国家上百年甚至数百年的发展历程。也正因为如此,当代中国被称为是"世界现代化的增长极""最大的经济和社会变革的实验室"。

在发展历程中,曾有一些人对我们的制度优势缺乏自信、妄自菲薄,总觉得"外国的月亮比中国圆",似乎"现代化就是西方化"。然而,橘生淮南则为橘,生于淮北则为枳,西方的政治制度虽然看起来很好,却未必适合中国国情。事实证明,人类历史上没有一个民族、一个国家可以通过依赖外部力量、照搬外国模式、跟在他人后面亦步亦趋实现强大和振兴。那样做的结果,不是必然遭遇失败,就是必然成为他人的附庸。"不入虎穴,焉得虎子?"只有把本国发展进步的命运牢牢掌握在自己手中,努力探索符合本国国情的正确道路,并坚定不移走自己的路,坚持理论创新,践行群众路线,坚持团结奋斗,才能最终画出真正的"老虎"。

"我们的道路多么宽广,我们的前程无比辉煌,我们献身这壮丽的事业,无限幸福无上荣光。"① 新征程上,我们必须坚定不移走中国式现代化新道路,以中国式现代化推进中华民族伟大复兴,不断为人类作出新的更大的贡献。

---

① 《"我们的道路多么宽广"》,《人民日报》2019年10月11日。

二、坚持理论创新

理论是实践的先导，实践在变，理论也要创新。我们共产党是马克思主义的执政党，马克思主义是我们立党立国、兴党强国的根本指导思想，是我们党的灵魂和旗帜。党之所以能够领导人民在一次次求索、一次次挫折、一次次开拓中完成中国其他各种政治力量不可能完成的艰巨任务，根本在于坚持解放思想、实事求是、与时俱进、求真务实，坚持把马克思主义基本原理同中国具体实际相结合、同中华优秀传统文化相结合，坚持实践是检验真理的唯一标准，坚持一切从实际出发，及时回答时代之问、人民之问，不断推进马克思主义中国化时代化，用马克思主义中国化的科学理论引领伟大实践。

理论的生命力在于创新。在党的二十大报告中，我们看到两个富有中国哲学智慧的词汇："中国式现代化""守正创新"。这两个词汇引发国内外高度关注，不仅代表中国方案，更可看出一个愈发自信的中国正阔步走向世界。其中，坚持守正创新，就是要坚持马克思主义基本原理不动摇，坚持党的全面领导不动摇，坚持中国特色社会主义不动摇，紧跟时代步伐，顺应实践发展，以满腔热忱对待一切新生事物，不断拓展认识的广度和深度，敢于说前人没有说过的新话，敢于干前人没有干过的事情，以新的理论指导新的实践。

党的十八大以来，中国特色社会主义进入新时代，以习近平同志为核心的党中央统筹把握中华民族伟大复兴战略全局和世界百年未有之大变局，以伟大的历史主动精神、巨大的政治勇气、强烈的责任担当，统揽伟大斗争、伟大工程、伟大事业、伟大梦想，团结带领全党全军全国各族人民创造了新时代中国特色社会主义的伟大成就。习近平总书记对关系新时代党和国家事业发展的一系列重大理论和实践问题

进行了深邃思考和科学判断,就新时代坚持和发展什么样的中国特色社会主义、怎样坚持和发展中国特色社会主义,建设什么样的社会主义现代化强国、怎样建设社会主义现代化强国,建设什么样的长期执政的马克思主义政党、怎样建设长期执政的马克思主义政党等重大时代课题,提出了一系列原创性的治国理政新理念、新思想、新战略,是习近平新时代中国特色社会主义思想的主要创立者。党的十九届六中全会审议通过的《中共中央关于党的百年奋斗重大成就和历史经验的决议》,在党的十九大报告"八个明确"的基础上,用"十个明确"对习近平新时代中国特色社会主义思想的核心内容作了进一步概括。党的二十大报告进而指出,十九大、十九届六中全会提出的"十个明确"、"十四个坚持"、"十三个方面成就"概括了这一思想的主要内容,必须长期坚持并不断丰富发展。

实践充分证明,习近平新时代中国特色社会主义思想是当代中国马克思主义、21世纪马克思主义,是中华文化和中国精神的时代精华,是马克思主义中国化最新成果。党确立习近平同志党中央的核心、全党的核心地位,确立习近平新时代中国特色社会主义思想的指导地位,反映了全党全军全国各族人民的共同心愿,对新时代党和国家事业发展、对推进中华民族伟大复兴历史进程具有决定性意义。

党的十九届六中全会深入研究党坚持把马克思主义基本原理同中国具体实际相结合、同中华优秀传统文化相结合,不断推进马克思主义中国化的百年历程,深刻指出党的百年奋斗展示了马克思主义的强大生命力,把"坚持理论创新"概括为党百年奋斗的十条历史经验之一,对于全党深化对新时代党的创新理论的理解和掌握具有重大指导意义。党的二十大报告进一步从16个方面总结概括了非凡十年的划时代、全方位、开创性、根本性伟大变革,其中第一条就是"我们创立了习近平新时代中国特色社会主义思想……为新时代党和国家事业发展提供了根本遵循"。①

实践没有止境，理论创新也没有止境。推进马克思主义中国化时代化是一个追求真理、揭示真理、笃行真理的过程。只要我们勇于结合新的实践不断推进理论创新、善于用新的理论指导新的实践，就一定能够让马克思主义在中国大地上展现出更强大、更有说服力的真理力量。

 **延伸阅读**

王明"左"倾教条主义是怎么产生的

在党的历史上，照猫画虎的典型人物之一就是王明。王明是1925年秋被党组织派到莫斯科中山大学学习的，他读过一些马克思主义的书籍，但基本上不了解中国社会的实际。在校时，王明颇受校长米夫的器重。②

党的六届四中全会前，王明（又名陈绍禹）在党内的地位并不高。1930年9月，在瞿秋白、周恩来的主持下，扩大的中共六届三中全会在上海召开，会议纠正了李立三的"左"倾冒险错误。一开始，王明对于三中全会决议是表示拥护的。可是，三中全会闭幕后不久，共产国际执委会给中共中央发来了"关于立三路线问题的信"，批评李立三所犯的错误，全盘否定了六届三中全会的成绩。

王明一看有机可乘，一改拥护六届三中全会的态度，打着"拥护

---

① 习近平：《高举中国特色社会主义伟大旗帜　为建设社会主义现代化国家而团结奋斗——在中国共产党第二十次全国代表大会上的报告》，人民出版社2022年10月版，第6页。

② 参见孟昭庚：《王稼祥对中共六届六中全会的贡献》，中国共产党新闻网2014年11月15日。

国际路线""反对立三路线""反对调和主义"的旗号四处活动。这年11月底,王明写出《两条路线》(后改名为《为中共更加布尔塞维克化而斗争》)的小册子,以比李立三更"左"的立场反对李立三的错误。在这本小册子里,王明在中国社会性质上,夸大资本主义在中国经济中的比重;在阶级关系上,夸大现阶段中反资产阶级、反富农斗争的作用,否认中间营垒的存在;在革命性质上,夸大民主革命中的"社会主义成分"的意义。王明在革命形势和党的任务问题上,继续强调全国性的"革命高潮"和党在全国范围内的进攻路线,认为"直接革命形势"即将在包括一个或几个中心城市在内的主要省份发生;在反对错误倾向问题上,极力强调当时党内的主要危险是所谓"右倾机会主义"、"实际工作中的机会主义"和"富农路线",并指责三中全会犯了"调和主义"错误。

王明前往共产国际工作后,中共临时中央的主要负责人虽然是博古,但王明是中共驻共产国际代表,1931年8月又被选为共产国际执委会主席团委员、执委会政治书记处书记,成为共产国际的领导人之一。当时,中国共产党作为共产国际的一个支部,王明虽然不在国内,但对中共中央有着很大的影响力,而且博古与王明思想观点接近,后来在负责中共临时中央工作时,博古也积极地贯彻王明的主张。

此外,在后来著名的延安整风中,博古对自己曾经犯过的严重错误主动承担责任,诚恳地作了检讨。而王明却始终未对自己的错误作过深刻的反省,并且还搞过一些小动作。1945年4月,党的六届七中全会通过了延安整风的重要成果《关于若干历史问题的决议》,明确提出"陈绍禹同志为首的'左'倾教条主义"这样的表述。自此之后,党史著述将1931年1月党的六届四中全会到1935年1月遵义会议前的这4年时间,称之为"王明'左'倾教条主义统治党的时间"。①

---

① 参见《王明"左"倾教条主义是怎么产生的》,《文摘报》2021年3月4日。

三、坚持独立自主

2022年4月16日,神舟十三号载人飞船返回舱在东风着陆场预定区域成功着陆,神舟十三号载人飞行任务取得圆满成功。

2021年10月16日,太空出差三人组——航天员翟志刚、王亚平、叶光富在酒泉卫星发射中心搭乘神舟十三号载人飞船进入天和核心舱,成为入住中国空间站的第二批航天员。在183天的太空飞行中,3名航天员在地面科技人员的支持下,圆满完成了2次出舱活动、2次"天宫课堂"太空授课活动,开展了多项科学技术试验与应用项目。王亚平成为中国首位进行出舱活动的女航天员,航天员首次在轨通过遥操作完成货运飞船与空间站对接,飞行乘组创下了中国航天员连续在轨飞行时长新纪录,为后续建造空间站奠定了坚实基础。①

"天行健,君子以自强不息。"独立自主是中华民族的优良传统,是民族精神的精华。党的十九届六中全会回顾党的百年奋斗历程,总结凝练形成"十个坚持"宝贵经验,与习近平总书记"七一"重要讲话提出的"九个必须"一脉相承,都是我们党百年来领导人民艰辛探索、接续奋斗理论和实践的科学总结,归根到底都揭示了"过去我们为什么能够成功、未来我们怎样才能继续成功"的基因密码。全会通过的《中共中央关于党的百年奋斗重大成就和历史经验的决议》将"坚持独立自主"作为党的百年奋斗的十大历史经验之一,并将其明确定义为"是中华民族精神之魂,是我们立党立国的重要原则"。

"独立自主",这听起来波澜不惊、平淡无奇的四个字,究竟何以成为中华民族的精神之魂,何以成为我们立党立国的重要原则? 87年前,在最危急的关头,挽救了党、挽救了红军、挽救了中国革命的遵

---

① 参见《183天后,翟志刚、王亚平、叶光富回家啦!》,《新京报》2022年4月16日。

义会议，作为中国共产党百年历史中的关键"章节"，我们能够从中找出这一问题的最好答案。

在遵义会议纪念馆里，一份报告详细记录了红军长征和遵义会议的情况是如何汇报给当时的共产国际的。

中国共产党成立后，最初是作为共产国际的一个支部的，服从共产国际的统一领导。在这个年轻的政党尚处于幼年而未成熟的情况下，中共中央召开的多数会议都要完全按照共产国际的指示和决议办事，而远在万里之外的共产国际是不可能全面了解中国革命的具体实际、准确知悉中国革命战场上的最新动向的。于是，在共产国际直接的、强加于人的、不正确的"遥控"指挥下，李立三"左"倾冒险错误被纠正不久，在六届四中全会后，又形成了王明"左"倾教条主义错误在中央的统治。那时的中共中央派遣许多中央代表或"新的领导干部"到全国各地去，对革命根据地和国民党统治区的地方党组织进行所谓"改造"。对怀疑、不满意或者不支持他们的同志，动辄扣上"右倾机会主义""富农路线""两面派"等帽子，加以"残酷斗争"，甚至以同罪犯和敌人作斗争的方式进行党内斗争，使大批优秀的共产党员和干部受到诬蔑和伤害，给党造成了重大损失。导致中央革命根据地第五次反"围剿"失败，丢掉了宝贵的革命根据地，不得不进行战略转移。

1934年，在惨烈的湘江战役之后，中国工农红军从8万多人锐减至3万多人，缺粮少弹、疲惫不堪。1935年1月15日至17日，第一次没有受到共产国际干预的重要会议——遵义会议举行了。经过持续3天、几乎每天都开到深夜的痛定思痛的会议，历经一次次激烈的争论、批评与自我批评，中国共产党在自我革命中迎来转机：纠正了"左"倾军事错误和宗派主义组织错误；取消了博古、李德的最高指挥权；确立了毛泽东的领导地位和正确的军事路线，将"坚持真理、修正错误"融入党的血脉之中,开启了我们党独立自主解决中国革命实际问题的新阶段。

正如毛泽东所言:"真正懂得独立自主是从遵义会议开始的。"① 以遵义会议为起点,四渡赤水、虚指贵阳、威逼昆明、巧渡金沙江、强渡大渡河、飞夺泸定桥、鏖战独树镇、转战乌蒙山……中国共产党独立自主地掌握了中国革命的主动权和领导权,坚持民主集中制原则作出了一系列重大决定,维护大局,将民族的命运握在自己手中。以"坚定信念、实事求是、独立自主、民主团结"为基本内涵的遵义会议精神启示我们:只有把马克思列宁主义基本原理同中国革命具体实际结合起来,独立自主解决中国革命的重大问题,才能把革命事业引向胜利。

2015年6月16日,习近平总书记在参观遵义会议会址和遵义会议陈列馆时指出:"遵义会议作为我们党历史上一次具有伟大转折意义的重要会议,在把马克思主义基本原理同中国具体实际相结合、坚持走独立自主道路、坚定正确的政治路线和政策策略、建设坚强成熟的中央领导集体等方面,留下宝贵经验和重要启示。我们要运用好遵义会议历史经验,让遵义会议精神永放光芒。"

独立自主是中国革命、建设和改革取得伟大成就的重要法宝。坚持独立自主,我们党创造了新民主主义革命、社会主义革命和建设的伟大成就。经过风雨洗礼,在发展的各个关键阶段,不论内外条件何其艰苦,我们党都始终能够独立自主干好我们自己的事情,用中国人的双手创造属于中国人的奇迹。

中华人民共和国成立后,中国共产党带领中国人民独立自主、豪

---

① 《毛泽东文集》第八卷,人民出版社1999年版,第339页。

情满怀地开始大规模的社会主义建设。1956年，随着社会主义改造基本完成，社会主义基本制度在中国建立，面对如何建设社会主义、走什么样的发展道路、选择什么样的发展模式这样一个全新课题，毛泽东对第二个五年计划指标作出批示："自力更生为主，争取外援为辅，破除迷信，独立自主地干工业、干农业"，"认真学习外国的好经验，也一定研究外国的坏经验，引以为戒，这就是我们的路线"。[①] 根据中国情况，走自己的道路，在一穷二白的基础上建设出独立自主的社会主义经济体系。特别是老一辈革命家勒紧裤腰带、造出"争气弹"，搞出"两弹一星"，击碎了西方国家"把新中国扼杀在摇篮中"的幻想。

改革开放以来，我们党在坚持走自己的路的同时实行改革开放，既大力引进来又积极走出去，不断为我国经济社会发展注入新的动力和活力。引领人民绘就了一幅波澜壮阔、气势恢宏的历史画卷。著名经济学家诺斯教授于1995年到访中国，在北京大学中国经济研究中心成立大会上发表演讲时感慨地说，从历史路径依赖的角度看，中国的改革虽然不符合教科书，但却是从实际出发、实事求是、求真务实、解放思想、与时俱进的，是与中国的历史文化一脉相承的。坚持了独立自主是中国的改革开放成功的原因。

党的十八大以来，在以习近平同志为核心的党中央坚强领导下，出台一系列重大方针政策，推出一系列重大举措，推进一系列重大工作，战胜一系列重大风险挑战，我国形成全面开放新格局，提出共建"一带一路"倡议，推动中国经济和世界经济深度融合、共同发展。中国的盾构机、特高压技术、北斗导航技术、高速铁路和5G网络技术早已经领跑世界……实践证明，坚持独立自主和对外开放相统一是中

---

① 中共中央文献研究室编：《毛泽东著作专题摘编》（上），中央文献出版社2003年版，第937页。

国改革发展成功之道，也是社会主义现代化建设的必由之路。基于此，习近平总书记在党的二十大报告中首次提出"坚持自信自立"，强调"中国人民和中华民族从近代以后的深重苦难走向伟大复兴的光明前景，从来就没有教科书，更没有现成答案。党的百年奋斗成功道路是党领导人民独立自主探索开辟出来的，马克思主义的中国篇章是中国共产党人依靠自身力量实践出来的，贯穿其中的一个基本点就是中国的问题必须从中国基本国情出发，由中国人自己来解答"。这一论断成为独立自主的新时代表达。

自信自立是新时代共产党人应有的精神风貌。坚持独立自主，不仅是一条发展经验，更是一种难能可贵的奋斗精神。用好独立自主、自信自立这一法宝，不断走进历史舞台的中心，带领中国人民跨过革命征途的激流险滩，写下社会主义建设的壮丽篇章，掀起改革开放的滚滚春潮，走向伟大复兴的美好明天。

党的十九届六中全会强调，全党必须永远保持同人民群众的血肉联系，践行以人民为中心的发展思想，不断实现好、维护好、发展好最广大人民根本利益，团结带领全国各族人民不断为美好生活而奋斗。全面贯彻党的二十大精神，新时代新征程，我们必须以自信自强、守正创新、踔厉奋发、勇毅前行的精神面貌谱写全面建设社会主义现代化国家的崭新篇章。

四、坚持团结奋斗

2020年8月18日至21日，习近平总书记深入安徽考察调研。8月19日，他走进巢湖之滨状如巨型帆船、势在乘风破浪的渡江战役纪念馆，重温人民解放军百万雄师千帆竞发、一举突破国民党长江防线，进而以排山倒海之势解放全中国气壮山河的英雄岁月。习近平总书记

十分感慨地说："淮海战役的胜利是靠老百姓用小车推出来的，渡江战役的胜利是靠老百姓用小船划出来的。任何时候我们都要不忘初心、牢记使命，都不能忘了人民这个根，永远做忠诚的人民服务员。"在听取安徽省委和省政府工作汇报时，习近平总书记再次强调人民的力量："鄂豫皖苏区能够28年红旗不倒，新四军能够在江淮大地同敌人奋战到底，刘邓大军千里跃进大别山能够站住脚、扎下根，淮海战役能够势如破竹，百万雄师过大江能够气吞万里如虎，根本原因是我们党同人民一条心、军民团结如一人。"①

"钟山风雨起苍黄，百万雄师过大江。"1949年4月20日夜至21日，百万雄师强渡长江。茫茫江面上，上万船工抱着誓死运送解放军"打过长江去，解放全中国"的决心，奋勇向前。年仅14岁的安徽省无为县渔家少女马毛姐，就是船工之一。岁数小、身体弱，还是个女娃娃，最初解放军并不同意马毛姐登船。可是打定主意决不退缩的马毛姐藏进了芦苇丛，趁着信号弹升起，捡起长篙就上了船。就这样，穿着满是补丁小棉袄的马毛姐载着解放军战士驶离江岸。

突然，炮弹袭来。轰鸣声在马毛姐耳边响起，却没能让她后退……"我水性好，会掌舵，当时一心想着把第一批突击队员安全送到对岸！"马毛姐说。

敌人的子弹如雨点般，打烂了船帆，也打伤了马毛姐的右臂。她忍住痛，撑着船，拼命划向对岸。那一夜，马毛姐横渡长江6趟，先后把3批解放军送上南岸。

"打小我就吃不饱、穿不暖，直到解放军来。老百姓分了田，有了粮，日子有了盼头，我这是送亲人过大江！"马毛姐说，怀着对共产党

---

① 《下好先手棋，开创发展新局面——记习近平总书记在安徽考察》，《人民日报》2020年8月24日。

的信任，她作出了加入"渡江突击队"的决定。

后来，马毛姐被授予"一等渡江功臣""支前模范"称号，曾受到毛泽东接见；她渡江时穿的那件满是补丁的小棉袄，被珍藏在安徽博物院。①

"军民团结如一人，试看天下谁能敌？"毛泽东为南京路上好八连撰写的《八连颂》，高度赞扬了在党的领导下军民团结一致、众志成城，扭转困难的英雄气魄，道出了人民解放军和群众的深厚情谊。只要军队和人民的心连结在一起，什么妖魔鬼怪都不怕。

军队打胜仗，人民是靠山。解放战争中，数以百万计的人民群众踊跃支前无论从形式到内容，从规模到质量，从广度到深度，都达到了空前的水平，中国共产党紧紧依靠人民群众，获得了排山倒海的力量。这是人民解放战争得以取得巨大胜利的根本保证。这是中国人民的胜利！

武汉的解放更是印证了这一点。毛泽东曾多次亲自起草电报对武汉解放进行部署。在1949年4月28日的一封电报中，他提到："四野主力还要一个多月才能到达汉口附近，接收汉口的准备工作尚未做好……不要超越，以免刺激汉口敌军惊慌，撤走得太早。"

战局发展如毛泽东所料。5月15日凌晨，国民党华中军政长官公署副长官张轸在金口宣布起义。当日下午，困守武汉的白崇禧弃城南逃。

16日拂晓，按照中共武汉地下市委的指示，湖北国立师范学院进步学生杨鹰来到江岸刘家庙，找到四野第四十军——八师前线指挥所，汇报市内情况。当时，武汉地下党积极组织迎接人民解放军进城，组织全市警察上岗、消防队上街、工人学生组成自卫队、纠察队沿大街

---

① 参见任仲文：《不负人民》，人民日报出版社2021年版，第38页。

小巷巡逻,维护社会秩序。

"武汉解放时电厂仍在发电,工厂、医院等都能维持正常运转,这是十分罕见的。"武汉地方志办公室方志编审处处长吴明堂说,反动派在解放军的军事压力下弃城而逃,原国统区的城市管理者纷纷脱离旧阵营,选择站在人民一边。这是民心所向、大势所趋。

"父母子女阖家出动,友朋相伴,成群结队,均以先睹解放军风采为荣。"《大刚报》如此描述解放军入城盛景。

1949年5月25日,中共中央特电致贺武汉等城市解放。①

2020年3月,国防部新闻局局长、新闻发言人吴谦曾在国务院联防联控机制举行新闻发布会上,回应军地医护人员如何合力战疫,引用了全国人民熟知的毛泽东的诗句:"军民团结如一人,试看天下谁能敌。"

党的十八大以来,以习近平同志为核心的党中央坚持以人民为中心的发展思想,把人民对美好生活的向往作为奋斗目标,从人民最关心最直接最现实的利益问题入手,真抓实干解民忧、纾民怨、暖民心,人民群众的获得感、幸福感、安全感更加充实、更有保障、更可持续,共同富裕取得新成效,充分彰显了中国共产党人不忘初心、牢记使命的自觉担当。

力量生于团结,幸福源自奋斗。"团结"是贯穿党的二十大报告全篇的高频词关键词,是贯穿大会始终的鲜明基调。站在"两个一百年"奋斗目标的历史交汇点上,着眼新时代新征程,团结愈显重要、尤为关键。习近平总书记话语铿锵坚定:"只要我们党始终为人民执政、依

---

① 参见《武汉解放模式独一无二 历史细节生动诠释"党同人民一条心、军民团结如一人"》,《湖北日报》2021年4月1日。

靠人民执政，就能无往而不胜。"① 14亿多中国人民始终手拉着手一起向未来，9600多万中国共产党人在党的领导下全国各族人民团结一心、众志成城，我们一定能够战胜前进道路上的一切困难挑战，继续创造令人刮目相看的新奇迹。

 **能力提升**

乘势而上　砥砺前行

对百年奋斗历史最好的致敬，是书写新的奋斗历史。在新的赶考路上，我们要继续全面加强党的领导，始终勇于变革、善于创新，始终坚持走自己的道路，始终保持战略清醒和政治定力，乘势而上，砥砺前行。

一是要坚持中国特色社会主义道路。2021年11月11日，中国共产党第十九届中央委员会第六次全体会议通过的《中共中央关于党的百年奋斗重大成就和历史经验的决议》指出："方向决定道路，道路决定命运。党在百年奋斗中始终坚持从我国国情出发，探索并形成符合中国实际的正确道路。中国特色社会主义道路是创造人民美好生活、实现中华民族伟大复兴的康庄大道。脚踏中华大地，传承中华文明，走符合中国国情的正确道路，党和人民就具有无比广阔的舞台，具有无比深厚的历史底蕴，具有无比强大的前进定力。只要我们既不走封闭僵化的老路，也不走改旗易帜的邪路，坚定不移走中国特色社会主义道路，就一定能够把我国建设成为富强民主文明和谐美丽的社会主义现代化强国。"

二是要坚持开拓创新。习近平总书记强调，开拓创新"永远是中

---

① 《下好先手棋，开创发展新局面——记习近平总书记安徽考察》，《人民日报》2020年8月24日。

国共产党人应该具有的历史担当"[1]。我们要统筹中华民族伟大复兴战略全局和世界百年未有之大变局,始终挺立时代潮流,胸怀"国之大者",把开拓创新作为一种常态,坚持一切从实际出发,保持锐意创新的勇气、敢为人先的锐气、蓬勃向上的朝气,开创新局面。

三是要坚持独立自主。 党的百年奋斗实践表明,推进中国革命、建设、改革事业,实现中华民族伟大复兴,是一个接续奋斗的历史过程,走的是前人没有走过的道路,没有现成经验可以照搬,中国的实际问题必须靠我们党独立自主来解决。

---

[1] 习近平:《在纪念邓小平同志诞辰110周年座谈会上的讲话》,《人民日报》2014年8月21日。

第九章
"老虎屁股要摸得"
——群众才是真正的英雄

2015年1月13日,习近平总书记在十八届中央纪委五次全会上发表重要讲话指出:"党员干部越是位高权重,越要受到严格管理和监督,老虎屁股摸不得是不行的。选人用人和管人不能偏废。现在的一大问题是选人的人不管人、不监督人,有的党委不管监督,干部一出事就把挑子撂给纪委,这是不行的。党委担负党风廉政建设主体责任,要选对用好干部,更要管好干部。"强调党员干部必须要牢固树立政治意识、大局意识、责任意识,善于观大势、谋大事,自觉在大局下想问题、做工作。

"老虎屁股"一般用于形容十分棘手的事情或危险的处境。1962年1月30日,在扩大的中央工作会议(七千人大会)上,毛泽东当着7000多名各级干部首先作自我批评:"有了错误,一定要作自我批评,要让人家讲话,让人批评。""不负责任,怕负责任,不许人讲话,老虎屁股摸不得,凡是采取这种态度的人,十个就有十个要失败。人家总是要讲的,你老虎屁股真是摸不得吗?偏要摸!"①邓小平也强调:"现

---

① 《毛泽东文集》第八卷,人民出版社1999年版,第296页。

在，在干部中有一个主要问题，就是怕，不敢摸老虎屁股。"① 1975 年的整顿之所以能取得显著成效、有力加速"文化大革命"走向终结，成为后来进行拨乱反正和实施改革开放的前奏，与邓小平坚持真理、修正错误的斗争精神，要求各级领导干部"敢字当头"是密不可分的。

一、越是位高权重，越要受到严格管理监督

我们都听过这样一句耳熟能详的话："权力导致腐败，绝对权力导致绝对腐败。"但权力来自何处呢？回答莫衷一是。《中华人民共和国宪法》第二条明确规定："中华人民共和国的一切权力属于人民。"这深刻表明了党员领导干部的权力，其本质属性是人民性。党的二十大通过的党章第六章第三十五条明确指出："党的干部是党的事业的骨干，是人民的公仆。"然而，长期以来，不少党员领导干部忘记了权力源于人民的根本属性，脚踩"当官""发财"两条船，利用玩"障眼法"、打"擦边球"、放"烟幕弹"等方式"靠官吃官"、公权私用、以权谋私、损公肥私。2015 年 9 月，内蒙古自治区纪委向鄂尔多斯市委、市政府交办了国家审计署审计发现该市 2248 名公职人员疑似经商办企、参股入股问题线索。2019 年 1 月，市纪委监委对全市财政供养人员经商办企业、参股入股问题再次进行全面排查清理，共排查出登记信息 5191 人。最终给予开除党籍处分 1 人，开除公职 1 人，累计给予党纪政纪处分 58 人，清退 2833 人。②《中国纪检监察报》也曾报道过河南省巩义市住房保障和房产管理中心房屋交易产权管理科原科长崔某某违规经商办企业的典型案例。崔某某利用职务便利，为妻子张某某注

---

① 《邓小平文选》第二卷，人民出版社 1994 年版，第 8 页。
② 《监督检查｜鱼和熊掌不可兼得 当官发财两条道》，澎湃新闻·澎湃号·政务 2020 年 7 月 16 日。

册成立的安居房地产经纪有限公司的二手房经营活动谋取利益、影响了公务的公正执行,在社会上造成了不良影响,最终受到党内严重警告处分。此类案件可谓触目惊心,但却屡见不鲜。

当官初心为人民,亮剑警醒发财梦。习近平总书记对此反复强调:"鱼和熊掌不可兼得,当官发财两条道,当官就不要发财,发财就不要当官。"① 李克强在会见中外记者时也说过,既然担任了公职,为公众服务,就要断掉发财的念想。为广大党员干部正确对待公与私、权与利的关系,正确处理政商关系、权钱关系指明了方向、划定了红线、提供了遵循。

一个时期以来,党内发生的种种问题,与管党治党宽松软有密切关系。党内监督是党的建设的重要内容,也是全面从严治党的总保障。党的八大就作出规定:任何党员和党的组织必须受到自上而下的和自下而上的监督。长期以来,党内存在的一个突出问题,就是不愿监督、不敢监督、抵制监督等现象不同程度存在,监督下级怕丢"选票",监督同级怕伤"和气",监督上级怕穿"小鞋"。在不少地方和部门,党内监督被高高举起、轻轻放下,成了一句口号。党内监督缺位,必然导致党的领导弱化、党的建设缺失、全面从严治党不力。

信任是自律,监督则是一种他律,二者犹如硬币之两面,有机统一、不可分割。然而,现实生活中一些人对二者的关系认识不清,将监督与不信任画等号,或将监督片面理解为跟自己过不去、故意挑刺儿,导致不习惯、不情愿甚至不允许监督。制度经济学认为,信任代表的是对过去工作实绩和群众基础的认可褒奖,体现的是对未来工作的鞭策激励,因此是降低交易成本、实现成功合作的必要条件。一个

---

① 《习近平在中央党校县委书记研修班学员座谈会上的讲话》,《人民日报》2015 年 1 月 13 日。

经得起监督的人，必能赢得组织和他人更大的信任。反之，不讲监督的信任则难免流于轻信，放弃监督的信任更容易陷入放纵。

"距谏者塞，专己者孤。"一个干部的成长，既需要信任，也离不开监督。监督不是为了割裂信任，而是为了维护信任；不是为了掣肘权力职能的履行，而是为了保证国家公权力的有效行使。习近平总书记特别指出："能不能正确对待、自觉接受党和人民监督，是衡量领导干部党性修养水平的一个重要尺度。""我们党有严密的组织性和纪律性，党的根本宗旨是全心全意为人民服务，那么，接受组织和人民监督就天经地义。"[1]他曾在中央统战工作会议上，针对一些领导干部怕监督，不愿意被监督，觉得老是有人监督不自在、干事不方便特别提醒："如果把监督当成挑刺儿，或者当成摆设，就听不到真话、看不到真相，有了失误、犯了错误也浑然不知，那是十分危险的。"[2]不愿接受监督，甚至千方百计回避监督、抵触监督，没有任何约束的信任，容易助长放纵心理，有可能导致违规违纪甚至违法犯罪行为产生。

信任不能代替监督，最重要的是靠制度。党的二十大报告指出，建设堪当民族复兴重任的高素质干部队伍，必须坚持严管和厚爱相结合，加强对干部全方位管理和经常性监督。一个有着9600多万党员的执政党，只有坚持严密组织、严明纪律、严格管理、严肃监督，始终保持先进性和纯洁性，才能肩负起历史使命和人民重托。

党的十八大后，中纪委首次拿下的副国级高官、全国政协原副主席苏荣在"忏悔录"中写道："我算了一下，副厅级以上干部给我送钱款和贵重物品的人数达40多人。我破坏了党的优良传统和规矩，严重违

---

[1]《十八大以来重要文献选编》（中），中央文献出版社2016年版，第678—679页。
[2] 中共中央党史和文献研究院编：《习近平关于全面从严治党论述摘编（2021年版）》，中央文献出版社2021年版，第397页。

反了组织人事纪律，涉嫌受贿犯罪，真是悔恨交加、后悔莫及，现在说这一切都晚了。"中纪委网站曾登载《卖官鬻爵 巧取豪夺 误党毁业——全国政协原副主席苏荣案件警示录》，披露了苏荣案全家腐败的细节。已查实苏荣有13名家庭成员涉案，可谓夫妻联手、父子上阵、兄弟串通、七大姑八大姨共同敛财。综观苏荣全案：卖官鬻爵，用人唯财唯亲唯顺，搞团团伙伙，排斥异己，既是他严重违反政治纪律和政治规矩的突出表现，也为其亲属到处插手人事安排和经济活动"一路绿灯"、非法获取巨利创造了条件，"正常的同志关系，完全变成了商品交换关系。我家成了'权钱交易所'，我就是'所长'，老婆是'收款员'。"

更有甚者，广东韶关市公安局原局长叶某某，还给自己树立了一个贪腐的奋斗目标。据《检察日报》报道，叶某某供称自己有个聚财享乐的"五项计划"：一是要给自己留2000万元，在广州买套豪华别墅；二是在加拿大购置住宅，以备探亲时使用；三是领家人周游国内外名胜之地；四是给儿子留2000万元，让他毕业后不愁吃穿住；五是给女儿、女婿留2000万元，让他们做生意。有了这个目标明确的"五项计划"，叶某某自然在尽可能多的领域贪污受贿。①

党的二十大报告强调，经过十八大以来全面从严治党，我们解决了党内许多突出问题，但党面临的执政考验、改革开放考验、市场经济考验、外部环境考验将长期存在，精神懈怠危险、能力不足危险、脱离群众危险、消极腐败危险将长期存在。如何弘扬伟大建党精神，高扬理想信念旗帜，保持奋发有为、开拓进取的精神状态；如何转变作风深入实际，加强与人民群众的血肉联系；如何夯实廉洁从政防线，提高拒腐防变能力，不断保持党的肌体健康……这些新的时代课题，

---

① 参见《镜鉴落马官员启示录④｜父子上阵 夫妻联手 贪腐"全家上"》，《齐鲁晚报》2020年12月14日。

迫切需要我们做出新的解答。全面从严治党永远在路上,党的自我革命永远在路上,我们要时刻绷紧全面从严治党这根弦,严于律己,时时自重、自省、自警、自励,永葆共产党人政治本色。

二、坚持从严从重,敢于去摸"老虎屁股"

唐诗云:"朝避猛虎,夕避长蛇。"自古以来,在中国民间,忌惮太岁的人少,惧怕老虎的人多。谚语说:老虎进村,没人敢理;老虎拧尾巴,虎虎生威;老虎屁股,摸不得……不可否认,党内曾有一些"大老虎",他们居高临下、当"太上皇",个人说了算、搞一言堂,顺我者昌、逆我者亡,处心积虑树立所谓"绝对权威",成为党员干部队伍内部的"蛀虫"。由于他们位高权重,很长一段时间都没有敢于触其逆鳞者,促使其更加有恃无恐,无人敢摸"老虎"屁股,党内和社会上不少人对党和国家前途忧心忡忡。

要真正肃清腐败,实现党的自我净化,各级党委、党组就要坚持从严从重,敢于去摸"老虎屁股",把那些使人民大众民不聊生的,被人民大众深恶痛绝的大贪官、"大老虎",不管是富可敌国,还是身居要职,都要敢于"亮剑"、露头就打,不管涉及谁,都要一查到底,决不姑息,必须用高压态势和良法管住"任性"的权力,实现干部清正、政府清廉、政治清明。党员干部越是位高权重,越要受到严格管理和监督,决不能"老虎屁股摸不得"。因此,要坚定不移全面从严治党,深入推进新时代党的建设新的伟大工程。

"不论什么人,不论其职务多高,只要触犯了党纪国法,都要受到严肃追究和严厉惩处,决不是一句空话。"[①]党的十八大以来,以习近平

[①]《习近平谈治国理政》第一卷,外文出版社2018年版,第388页。

同志为核心的党中央坚持"零"容忍，出实招、出狠招，突破"禁区"，"老虎""苍蝇"一起打，着力清除危害党的肌体健康的毒瘤，众多"老虎"纷纷落马，振奋了党心民心，纯洁了党的队伍，党风政风为之一振、社情民风为之一新。事实证明，在党纪国法面前，天下没有摸不得的"老虎屁股"。对一个执政党来讲，腐败与无能就像一对孪生兄弟，自身软弱无能给官员腐败创造了条件，自身硬朗，就不会被任何糖衣炮弹击中击倒，苍蝇从来不叮无缝的蛋就是这个道理。而腐败盛行必然导致人心涣散、各怀各的鬼胎，导致政令不通、有令不止，后果可想而知。

领导干部责任越重大、岗位越重要，就越要加强监督。各级领导班子一把手是"关键少数"中的"关键少数"。一把手违纪违法最易产生催化、连锁反应，甚至造成区域性、系统性、塌方式腐败。二十大党章总纲指出："强化全面从严治党主体责任和监督责任，加强对党的领导机关和党员领导干部特别是主要领导干部的监督，不断完善党内监督体系。"习近平总书记在党的十八届六中全会上就《关于新形势下党内政治生活的若干准则》和《中国共产党党内监督条例》起草的有关情况向全会作说明时强调："全面从严治党，必须从根本上解决主体责任缺失、监督责任缺位、管党治党宽松软的问题，把强化党内监督作为党的建设重要基础性工程，使监督的制度优势充分释放出来。"据此，《中国共产党党内监督条例》以党章为根本遵循，在第六条明确规定："党内监督的重点对象是党的领导机关和领导干部特别是主要领导干部。"在此基础上，第十七条又规定，"党内监督必须加强对党组织主要负责人和关键岗位领导干部的监督"，进一步把各级党组织主要负责人作为党内监督的重中之重。

习近平总书记指出，要在日常监督上下功夫，坚持抓早抓小、防

微杜渐，使咬耳扯袖、红脸出汗成为常态。加强日常管理监督是党内监督最主要、最经常的手段，是全面从严治党的应有之义。二十大党章第三十二条规定，党的基层组织要"对党员进行教育、管理、监督和服务"，"监督党员切实履行义务"，"监督党员干部和其他任何工作人员严格遵守国家法律法规"。当前，党内监督存在的一个突出问题就是日常管理监督不够，有的党组织对党员干部出现的一些违纪违法的小错提醒不够、批评教育不力，甚至睁一只眼闭一只眼，导致问题要么不暴露，一暴露就是大问题；有的好人主义严重，爱惜羽毛，搞无原则的一团和气，批评和自我批评的自觉性不强，不能及时指出同志的缺点错误；有的不善于运用谈话批评、函询诫勉等方法，监督执纪"四种形态"在实践中有待深化。

党的二十大对于如何"监督"作出重要部署：要"健全党统一领导、全面覆盖、权威高效的监督体系，完善权力监督制约机制，以党内监督为主导，促进各类监督贯通协调，让权力在阳光下运行"。因此，必须坚持管在日常、严在经常，推动形成正气充盈的良好政治生态。权力运行到哪里，监督就要紧跟到哪里。习近平总书记在十九届中央纪委六次全会上发表重要讲话强调："要完善权力监督制度和执纪执法体系，使各项监督更加规范、更加有力、更加有效。"《中共中央关于加强对"一把手"和领导班子监督的意见》明确规定："各级领导干部要从政治上认识领导职责中包含监督职责，增强监督意识，履行监督责任。"监督不只是纪委监委的"门内事"，也是领导干部的"分内事"。对领导干部而言，既要主动接受监督，严以修身律己，习惯在"玻璃房"中工作；又要坚决履行监督责任，敢于、善于开展监督，习惯拿着"显微镜""望远镜"工作。监督是不可放弃、不可荒废的政治责任，无论是"一把手"还是班子成员，都要树立正确的监督意识，种好监督责任田。"反对家长式的对待干部,同时反对放任干部的错误。"

领导干部之间负有相互监督的责任,既是监督者,又是被监督者,要增强党性和担当,带头做到既诚恳进行自我批评,又满腔热情欢迎批评。自我批评要一日三省,在宗旨意识、工作作风、廉洁自律上摆问题、找差距、明方向,敢于正视自己的缺点错误,敢于把自己的思想、工作状况晾出来,不羞羞答答、遮遮掩掩,做到心底无私、襟怀坦白,接受监督,知错就改。相互批评要随时随地、实事求是、出于公心、与人为善,抛弃私心杂念,真刀真枪提意见,满腔热情帮同志,不搞"鸵鸟政策",不要等小毛病发展成大问题再提。广大党员干部应当坚持"团结—批评—团结"的方针,开展严肃认真的批评和自我批评,使之成为党内生活的常态、成为日常工作的必修课。

三、靠老实吃饭,始终保持谦虚谨慎的态度

1954年,在中央人民政府委员会临时会议通过中华人民共和国宪法草案后,毛泽东联系党内实际指出:"一个人总是会有许多缺点的。如果觉得自己一点缺点也没有,'老虎屁股摸不得',那就不好了。要做到'言者无罪,闻者足戒'。我们是靠老实吃饭,不靠摆架子吃饭。"[1]这里的"老实"是指老老实实做事,始终保持谦虚谨慎的态度,不搞官僚主义,摆架子。如果做错了事,就要老老实实接受批评,并且知错能改。"毛泽东指出:'错而能改,出以真诚老实,就能逐步地见信于人、变为一个好同志。'新中国成立后,针对当时部分干部中产生的骄傲情绪和不接受批评的现象,党中央出台文件规定,'党的各级领导机关和干部必须对于反映群众意见的批评采取热烈欢迎和坚决保护的革

---

[1]《毛泽东文集》第六卷,人民出版社1999年版,第346页。

命态度,而反对对群众批评置之不理、限制发表和对批评者实行打击、报复与嘲笑的官僚主义态度',并规定群众的批评在报纸刊物发表后,如果完全属实,被批评者要在同一报纸刊物上声明接受并公布改正错误的结果。毛泽东自己也以身作则,带头开展批评和自我批评。"①

中国共产党人大力倡导"老实"观,是一以贯之、行之有效的。1941年5月19日,毛泽东在延安干部会议上作了《改造我们的学习》的整风报告,针对那些没有科学态度的人,对于只知背诵马克思、恩格斯、列宁、斯大林著作中的若干词句的人,对于徒有虚名并无实学的人,就曾经写过一副对联:"墙上芦苇,头重脚轻根底浅;山间竹笋,嘴尖皮厚腹中空。"②要求这些人说:"马克思列宁主义是科学,科学是老老实实的学问,任何一点调皮都是不行的。我们还是老实一点吧!"③

1956年9月16日,邓小平在党的八大全体会议上作了《关于修改党的章程的报告》。他在报告中指出:"党的工作中的群众路线,本身就要求党的领导保持谦虚和谨慎的态度。骄傲,专横,鲁莽,自作聪明,不同群众商量,把自己的意见强加于人,为了自己的威信而坚持错误,是同党的群众路线根本不相容的"④。

"说老实话,办老实事,做老实人"的价值理念影响了一代人、一个时代,有力倡导了人们以"我为祖国献石油"为荣、以"我是一颗螺丝钉"为荣、以"为集体增砖添瓦"为荣、以"学习雷锋好榜样"为荣、以"大公无私"为荣、以"集体观念"为荣、以"一人有难,八方支援"为荣、以"牺牲自己,照亮他人"为荣,"老实"成为一个

---

① 王瑾:《毛泽东关于中国共产党"靠什么吃饭"的六个论断》,《党的文献》2021年第2期。
②《毛泽东选集》第三卷,人民出版社1991年版,第800页。
③《毛泽东选集》第三卷,人民出版社1991年版,第800页。
④《邓小平文选》第一卷,人民出版社1994年版,第219页。

时代的底色。

《道德经》有云:"生而不有,为而不恃,功成而弗居。"意思是说生养万物而不据为己有,培育万物而不自恃己能,功成名就而不自我夸耀。谦虚的人能够保持一颗平常心,懂得自律自制,往往不会只图一己之私,做好大喜功、揽功诿过的事,不会过于计较个人的功名利禄,稍微取得一点成绩就向组织邀功讨好,也不会因为一时间得不到赞赏而情绪低落、意志消沉。"劳谦虚己,则附之者众;骄慢倨傲,则去之者多。"对于领导干部而言,自以为是必然招来事业的失败和群众的不满,谦虚谨慎才能得到群众认可,从而健康成长。

"惧则思,思则通微;惧则慎,慎则不败。"谦虚谨慎是共产党人一贯的宝贵的优良作风,各级党员干部要转变工作作风,牢固树立群众观点,走好群众路线,保持奋发有为的精神状态,发扬工匠精神,把转变工作作风和解决群众反映最突出的问题有机结合起来,同时解决同时安排,认认真真把群众工作做好、做深、做细,确保国家的长治久安,人民群众安居乐业。要充分"弘扬党的光荣传统和优良作风,促进党员干部特别是领导干部带头深入调查研究,扑下身子干实事、谋实招、求实效"[①]。

古语有云:"满招损,谦受益。"谦虚使人进步,骄傲使人落后。谦虚是一种豁达的胸怀。所谓"受益惟谦,有容乃大",谦虚之人必有海纳百川的胸怀,能够从大局出发,平易近人、以德报怨、求同存异,不会趾高气扬、咄咄逼人,能够容纳不同的意见,接受他人的批评,工作中善于集思广益,凡事都要深思熟虑,敢于敞开大门邀请群众参

[①] 习近平:《高举中国特色社会主义伟大旗帜 为全面建设社会主义现代化国家而团结奋斗——在中国共产党第二十次全国代表大会上的报告》,人民出版社2022年版,第68页。

与、监督、评价,不会主观武断、拍脑袋办事,更容易建立起好的人际关系和群众基础,最大限度避免绕"弯路"、走"邪路"。

保持戒骄戒躁、谦虚谨慎的工作态度既是衡量党员干部服务人民水平高低的具体标准,也是对党的干部的最基本要求,更是检验其是否走向成熟的重要指标。

踏上新征程,如何走好新的赶考之路?是广大党员干部必须回答的新时代之问。习近平总书记在党的二十大上提出的"三个务必"为我们走好新的赶考之路指明了方向。广大党员干部特别是领导干部唯有时刻以赶考的清醒和坚定,当好"务必不忘初心、牢记使命"的答卷人、当好"务必谦虚谨慎、艰苦奋斗"的答卷人、当好"务必敢于斗争、善于斗争"的答卷人,克服心浮气躁、眼高手低、急于求成、急功近利,才能更好地为人民群众服务,才能更好地锻炼自身本领,最终成为党和人民需要的忠诚干净担当的高素质专业化干部。

四、敢于负责、敢于斗争、敢字当头

习近平总书记在庆祝中国共产党成立100周年大会上指出:"以史为鉴、开创未来,必须进行具有许多新的历史特点的伟大斗争。敢于斗争、敢于胜利,是中国共产党不可战胜的强大精神力量。"在省部级主要领导干部学习贯彻党的十九届六中全会精神专题研讨班开班式上,习近平总书记强调:"在百年奋斗历程中,党领导人民取得一个又一个伟大成就、战胜一个又一个艰难险阻,历经千锤百炼仍朝气蓬勃,得到人民群众支持和拥护,原因就在于党敢于直面自身存在的问题,勇于自我革命,始终保持先进性和纯洁性,不断增强创造力、凝聚力、战斗力,永葆马克思主义政党本色。"由此可见,"坚持敢于斗争"是总结党的百年奋斗实践得出的重要历史经验,斗争精神是中国共产党在革命、建设和改革实践中不断铸就与涵养的宝贵精神品质，是中国共产党人鲜明的政治品格，更是我们党从胜利走向胜利的制胜密码。

 **延伸阅读**

不惧强敌　敢于斗争

弘扬斗争精神、勇于担当作为，既是传承我党我军革命加拼命精神的内在要求，也是新时代我们战胜前进道路上一切艰难险阻的锐利思想武器。从哲学角度而言，斗争是作为社会主体的人进行的能动实践。

我们党百年波澜壮阔的历史，就是一部与各种矛盾困难作艰苦卓绝斗争的不懈奋斗史。与强敌斗争，我们以"我以我血荐轩辕"的骨气打败了日本侵略者，以"打过长江去，解放全中国"的勇气彻底结束了国民党在大陆的反动统治，以"抗美援朝，保家卫国"的胆气打败了以美军为首的"联合国军"……一代代中国共产党人前仆后继，团结带领中国人民迎来了从站起来、富起来到强起来的伟大飞跃，体现了共产党人不惧强敌、敢于斗争的风骨和品质。与恶劣自然环境斗争，我们以"重新安排林县河山"的豪情让红旗渠的清泉滋润了干旱的土地，以"不制服风沙，就让风沙把我埋掉"的拼劲让昔日荒岛变成绿洲，以"众志成城"的决心抵御滔滔洪水的冲击，中国共产党人在困难面前从不屈服，用顽强奋斗书写了"敢教日月换新天"的壮丽诗篇。与自身的落后思想斗争，我们党以"延安整风"推动思想大统一、党内大团结，以"解放思想、实事求是"的态度拨乱反正、掀起改革开放的澎湃浪潮，以"刮骨疗毒、壮士断腕"的果敢与腐败行为作斗争，中国共产党人以正视问题的勇气和刀口向内的自觉，坚决同一切可能动摇党的根基、阻碍党的事业的现象作斗争。可以说，我们

党就是在不同历史时期与各种矛盾困难和敌人作斗争中成长、发展、壮大的。①

增强敢字当头的政治定力，这是"敢"的政治基础。在2020年秋季学期中央党校（国家行政学院）中青年干部培训班开班式上，习近平总书记要求年轻干部提高七种能力：政治能力、调查研究能力、科学决策能力、改革攻坚能力、应急处突能力、群众工作能力、抓落实能力。其中，放在首位的就是政治能力。

党的十九届六中全会决议明确指出："勇于自我革命是中国共产党区别于其他政党的显著标志。自我革命精神是党永葆青春活力的强大支撑。"强调"党历经百年沧桑更加充满活力，其奥秘就在于始终坚持真理、修正错误"。回顾百年党史，建立健全党内监督体制与机制、着力加强党内监督，无疑是实现党的自我革命的重要保障与"关键一招"。古人云："外疾之害，轻于秋毫，人知避之；内疾之害，重于泰山，而莫之避。"党内监督是党的建设的重要内容，是永葆党的肌体健康的生命之源。如何使党内监督真正落到实处、见到实效？关键在一个"敢"字，敢于真监督、敢于严监督。"敢"字当头，就要看牢"重点人"。"监督的好刀"要用在"关键少数"这个刀刃上。督促"关键少数"认真履行主体责任，做到既挂帅又出征，重要工作亲自部署、重大问题亲自过问、重点环节亲自协调、重要案件亲自督办，坚守"主阵地"，种好"责任田"。"敢"字当头，就要盯紧"重点事"。管党治党出现这样那样的问题，归根结底就在于主体责任缺失，监督责任缺位，党内监督机制运转失灵。必须切实扛起管党治党的政治责任，将"两个责任"牢牢抓在手上，层层传导压力，推动全面从严治党取得新成效。

---

① 参见刘晓春：《在敢于斗争中担当作为》，《解放军报》2021年8月3日。

"敢"字当头，还要有实打实的行动。对存在的问题既亮丑、亮伤疤、亮病灶，又用利剑，使快刀、下猛药，不管涉及谁，都按"违纪的依纪处理，违法的绳之以法，渎职的以渎职来论"，用最大力度、最硬手段让警钟长鸣，利剑高悬。真正以"狭路相逢勇者胜"的勇气、"眼里揉不得沙子"的认真劲，擦亮监督"探头"，敢于担当作为，浚其源、涵其林、养正气、固根本，形成政治生态的"山清水秀"。

"斗争"一词，对于我们这个百年大党而言意义深远。中国共产党"一出生就铭刻着斗争的烙印"。可以说，伟大的中国共产党的百年辉煌史就是一部伟大斗争史，斗争精神贯穿革命、建设、改革全过程。习近平总书记指出："建立中国共产党、成立中华人民共和国、实行改革开放、推进新时代中国特色社会主义事业，都是在斗争中诞生、在斗争中发展、在斗争中壮大的。"[①] 因此，斗争是贯穿"四史"的一条红线，也是我们党克敌制胜的重要法宝。在党的二十大报告中，"斗争"也是一个出现频率较高的词。面向全党，习近平总书记提出"三个务必"，"务必敢于斗争、善于斗争"正是其中之一，为我们走好新的赶考之路指明了方向。

"敢于斗争、敢于胜利，是党和人民不可战胜的强大精神力量。党和人民取得的一切成就，都是通过斗争取得的。"[②] 面向未来，"带领全国各族人民全面建成社会主义现代化强国、实现第二个百年奋斗目标，以中国式现代化全面推进中华民族伟大复兴"成为党的中心任务。尽管中华民族伟大复兴已经进入不可逆转的历史进程，但绝不是轻轻松

[①] 《习近平在中央党校（国家行政学院）中青年干部培训班开班式上发表重要讲话强调 发扬斗争精神增强斗争本领 为实现"两个一百年"奋斗目标而顽强奋斗》，《人民日报》2019年9月4日。
[②] 《中国共产党第二十次全国代表大会文件汇编》，人民出版社2022年版，第122页。

松、敲锣打鼓就能实现的。党的二十大报告指出:"我国发展进入战略机遇和风险挑战并存、不确定难预料因素增多的时期,各种'黑天鹅'、'灰犀牛'事件随时可能发生。我们必须增强忧患意识,坚持底线思维,做到居安思危、未雨绸缪,准备经受风高浪急甚至惊涛骇浪的重大考验。"全党必须准备付出更为艰巨、更为艰苦的努力。因此,坚持发扬斗争精神成为我们前进道路上必须牢牢把握的重大原则之一,至此"发扬斗争精神,增强斗争本领"被写入二十大党章。习近平总书记曾明确指出:"我们讲的斗争,不是为了斗争而斗争,也不是为了一己私利而斗争,而是为了实现人民对美好生活的向往、实现中华民族伟大复兴知重负重、苦干实干、攻坚克难。"① 以中国式现代化全面推进中华民族伟大复兴,我们更需时时处处增强志气、骨气、底气,不信邪、不怕鬼、不怕压,知难而进、迎难而上,统筹发展和安全,全力战胜前进道路上各种困难和挑战,依靠顽强斗争打开事业发展新天地。

 **能力提升**

反腐败斗争的重头戏

"一把手腐败"的后果与危害是其他类型腐败无法比拟的,严重影响发展。所以,治理好此类腐败乃是反腐败斗争中的重头戏。要预防和治理"一把手综合征"带来的"一把手腐败",须着力做好以下三个方面。

首先,建立充分发扬民主、便于制约监督的机制。这就要求我们健全党内监督,将一把手作为党内监督的重点,充分发扬党内民主,

---

① 习近平:《在"不忘初心、牢记使命"主题教育总结大会上的讲话》,《求是》2020年第13期。

分权制衡，增加透明度，建立健康、规范的权力运行机制，把权力关进笼子里。同时，强化党外监督，充分完善落实审计监督、司法监督和社会舆论监督，建立健全使一把手不犯或少犯错误的监督制约体系。

其次，健全完善巡视制度作为强化监督的一部分。党的十八大以来，党中央加强了巡视力度。不仅开展多轮中央巡视，同时要求巡视工作下沉一级，加强对地市级党政一把手的巡视力度，并日益实现规范化、常态化，对于当前的反腐有着非常重要的现实意义。

最后，加强官德培训，提高干部的思想政治素质。当前社会，随着经济的发展，人们的世界观、人生观、价值观都在不断变化。金钱至上思想成为很多人的根本追求，如果干部的思想信念不牢固，必然难以抵制腐朽思想的侵蚀，终将成为金钱的奴隶。"道德制约在一切存在权力的地方都有着普遍意义。"建立行政道德的规范体系，通过思想教育使其自觉构筑起一道坚强的思想防线，进而营造出正气上扬、邪气收敛，艰苦奋斗、廉洁奉公、执政为民的良好环境。

第四篇
胸怀天下

第 十 章 "防止三人成虎"
　　　　——让希望的阳光照亮人类

第十一章 "气吞万里如虎"
　　　　——脚踏人间正道，何惧世事沧桑

第十二章 "松风一起知虎来"
　　　　——防范和化解各种重大风险

第十章
"防止三人成虎"
——让希望的阳光照亮人类

2015年9月22日,习近平主席在美国华盛顿州当地政府和美国友好团体联合欢迎宴会上发表演讲指出:"如何在新起点上推进中美新型大国关系?中美应该怎样携手合作来促进世界和平与发展?答案就是要坚持构建中美新型大国关系的正确方向,一步一个脚印向前走。中国古人说:'度之往事,验之来事,参之平素,可则决之。'这其中,有几件事尤其要做好。第一,正确判断彼此战略意图。同美方一道构建新型大国关系,实现双方不冲突不对抗、相互尊重、合作共赢,是中国外交政策优先方向。我们愿同美方加深对彼此战略走向、发展道路的了解,多一些理解、少一些隔阂,多一些信任、少一些猜忌,防止战略误解误判。我们要坚持以事实为依据,防止三人成虎,也不疑邻盗斧,不能戴着有色眼镜观察对方。世界上本无'修昔底德陷阱',但大国之间一再发生战略误判,就可能自己给自己造成'修昔底德陷阱'。"习近平总书记关于如何构建大国关系的论述,对于推动世界和平与发展意义重大,也表明新时代的中国将继续为人类的和平发展贡献自己的智慧。

据考证,"三人成虎"出自《战国策·魏策二》,主要讲述魏国大臣庞葱要陪太子到邯郸去做人质,担心遭人诬陷。当时庞葱对魏王说:

"现在，如果有一个人说大街上有老虎，您相信吗？"魏王说："不相信。"庞葱说："如果是两个人说呢？"魏王说："那我就要疑惑了。"庞葱又说："如果增加到三个人呢，大王相信吗？"魏王说："我相信了。"庞葱说："大街上不会有老虎那是很清楚的，但是三个人说有老虎，就像真有老虎了。如今邯郸离大梁，比我们到街市远得多，而毁谤我的人超过了三个。希望您能明察秋毫。"魏王说："我知道该怎么办了。"于是庞葱告辞而去，而毁谤他的话很快传到魏王那里。后来太子结束了人质的生活，庞葱果真不能再见魏王了。该成语比喻谣言被人说得多了，就会被当真。在现实生活中，我们既不要信谣，更不能传谣，要善于从纷繁复杂的社会议论中认真分析，谨慎思考，要时刻保持清醒的头脑，只有这样，才能少犯错误，甚至不犯错误。国际关系也是如此，如果本身对其他国家就怀有敌意，而彼此又缺少沟通对话，只会产生悲剧。因此，各国应该携起手来，相互信任、团结合作。

一、推动建设新型国际关系

当前，世界之变、时代之变、历史之变正以前所未有的方式展开。一方面，和平、发展、合作、共赢的历史潮流不可阻挡，人心所向、大势所趋决定了人类前途终归光明；另一方面，恃强凌弱、巧取豪夺、零和博弈等霸权霸道霸凌行径危害深重，和平赤字、发展赤字、安全赤字、治理赤字加重，人类社会面临前所未有的挑战。以习近平同志为核心的党中央，统筹国内国际两个大局，统筹发展安全两件大事，坚持独立自主的和平外交方针，坚定不移走和平发展道路，坚定不移维护世界和平、促进共同发展，在构建以合作共赢为核心的新型国际关系中展现了中国气派，贡献了中国智慧。建立以合作共赢为核心的新型国际关系，具有丰富的科学内涵和鲜明的时代特征，其核心是"合

作共赢"。合作共赢是双方或多方在合作中互惠互利、相得益彰,让合作各方都有所获或各得其所。合作共赢以平等为基础,以合作为路径,以共赢为目标,是通向新型国际关系的路线图。平等是构筑新型国际关系的根本基础。2015年4月22日,习近平主席在亚非领导人会议上的重要讲话中指出:"合作共赢的基础是平等,离开了平等难以实现合作共赢。"①党的二十大向世界庄严宣告:中国坚持在和平共处五项原则基础上同各国发展友好合作,推动构建新型国际关系,深化拓展平等、开放、合作的全球伙伴关系,致力于扩大同各国利益的汇合点。促进大国协调和良性互动,推动构建和平共处、总体稳定、均衡发展的大国关系格局。

平等,首先是权利平等。国家不分大小、强弱、贫富,一律平等,不能以大压小、以强凌弱、以富欺贫,反对任何国家垄断国际事务。作为国际社会的成员,每个国家都有平等参与国际事务的权利。其次是相互尊重,这不仅体现在尊重各国主权和领土完整,互不干涉内政,还体现在"尊重各自选择的社会制度和发展道路,尊重彼此核心利益和重大关切,求同存异,包容互鉴,共同进步"。合作是构建新型国际关系的不二路径。当今世界,各国相互依存、休戚与共,人类生活在同一个地球村里,越来越成为你中有我、我中有你的命运共同体。唯有合作才能维护世界和平,唯有合作才能促进共同发展。合作是人类社会走向持久和平、稳定与繁荣的唯一正确选择。共赢是构建新型国际关系的终极目标,也是区别传统国际关系模式的根本特征。在新型国际关系模式下,各国在追求本国利益时兼顾别国利益,在寻求自身发展时兼顾别国发展,最终实现共同发展与普遍繁荣。

---

① 习近平:《在亚非领导人会议上的讲话》,新华网2015年4月22日。

中国积极践行正确义利观,着力加强同亚非拉发展中国家的团结合作,推动同发展中国家合作迈上新台阶。新冠肺炎疫情在全球发生后,中国本着平等互惠的原则,积极帮助各国人民共同战胜疫情。2021年以来,中国援助的新冠疫苗陆续抵达几内亚、津巴布韦等非洲国家,助力多国启动新冠疫苗接种工作,获得多国政要高度评价。非洲多家媒体认为,中国积极履行承诺,致力于促进疫苗在发展中国家的可及性和可负担性,非中团结抗疫为非洲从疫情中复苏带来了希望。2021年2月25日,塞内加尔总统萨勒在总统府接种中国国药集团新冠疫苗。萨勒在接种疫苗后说,塞内加尔国内疫情仍很严峻,接种疫苗是唯一可以战胜疫情的防疫措施。此前在接受法国媒体采访时,萨勒感谢中国第一时间回应塞方的疫苗需求,赞赏中国向非洲和世界其他地区提供疫苗援助、抗击疫情的举动。津巴布韦总统姆南加古瓦认为,中国向津巴布韦援助的中国国药集团新冠疫苗很安全,可对新冠病毒感染起到良好的预防作用,将成为津巴布韦抗击疫情的武器。埃塞俄比亚新闻通讯社、法娜电视台等多家媒体报道了中国积极践行全球疫苗合作行动。

截至2021年底,中国已经或正在向53个发展中国家提供疫苗援助,向27个国家出口疫苗。自疫情发生以来,埃中两国一直相互支持。为帮助埃塞俄比亚抗击疫情,中国捐赠了医疗用品并派出抗疫医疗专家组,疫苗援助将是中国支持埃方抗疫的又一个切实行动。南非主流媒体及独立传媒网站等刊发评论文章,表示中国积极参与世卫组织"新冠肺炎疫苗实施计划",决定向实施计划提供1000万剂疫苗,主要用于发展中国家,中国正在以实际行动兑现承诺。相信疫苗合作将帮助非洲国家走出疫情困境。

截至2021年底,与中国建交的国家有180个,伙伴关系增至112

对,实现对大国、周边和发展国家伙伴关系的全覆盖。推进开放共赢、包容发展的经济合作新格局。中国在国际上积极倡导以公平、开放、全面、创新为核心的发展理念,推动各国增强发展能力、改善国家发展环境、优化发展伙伴关系、健全发展协调机制,为促进世界经济强劲、可持续、平衡增长作出重要贡献。中国全面参与联合国框架内可持续发展等问题的讨论与合作,积极推动制定2030年可持续发展议程。秉持共商、共建、共享原则,扎实推进"一带一路"建设,加强同沿线国家发展战略对接,为亚欧大陆和世界发展振兴注入强劲动力,为世界发展繁荣提供了实实在在的公共产品。

独木难成林。构建以合作共赢为核心的新型国际关系需要发挥整个国际社会,尤其是大国之间的积极性与能动性,加强相互间的信任、合作与协调。构建以合作共赢为核心的新型国际关系必须加强和完善以联合国宪章为核心的国际秩序和国际体系。联合国宪章奠定了现代国际秩序基石,确立了当代国际关系基本准则。构建以合作共赢为核心的新型国际关系,并不意味着要将现有体系推倒重来或另起炉灶,而是与时俱进地推动国际秩序和国际体系进行必要的改革和完善。我们所主张的改革完善,是要改变全球治理体制中不公正不合理的安排,增加新兴市场国家和发展中国家的发言权,推动各国在国际合作中权利平等、机会平等、规则平等,努力使当前的国际秩序和国际体系更加公正合理。构建以合作共赢为核心的新型国际关系需要在思维观念上"破旧立新"。

我们身处一个高度相互依赖的世界:机遇需要共同创造,挑战也需要协力应对。国际社会应该超越国际关系中陈旧的零和博弈,超越危险的冷战、热战思维,变压力为动力,化危机为生机,以合作取代对抗,以共赢取代独占,同舟共济,权责共担,增进人类共同利益。

因而，树立人类命运共同体的意识与合作共赢的新理念不仅恰逢其时，而且也是应对全球性挑战，实现人类可持续均衡发展的必然要求。构建以合作共赢为核心的新型国际关系需要大国切实肩负起历史与时代责任。纵观世界，各国能力和水平存在差异，这意味着在同一目标下各国应该承担共同但有区别的责任。其中，大国应该发挥其特殊作用，为世界和平、稳定、发展、繁荣作出更多更大的贡献。

当今世界正在面临前所未有的挑战。习近平总书记强调，要以宽广胸怀理解不同文明对价值内涵的认识，以文明交流超越文明隔阂，以文明互鉴超越文明冲突，以文明共存超越文明优越，弘扬中华文明蕴含的全人类共同价值[1]，同各国人民一道，弘扬和平、发展、公平、正义、民主、自由的全人类共同价值，维护世界和平、促进世界发展[2]。实际上，大国在承担其历史责任与时代责任的同时也在不断提升其国家威望与国际地位。但是，这绝不意味着大国可以罔顾他国意愿主导世界，习近平主席指出："作为大国，意味着对地区和世界和平与发展的更大责任，而不是对地区和国际事务的更大垄断。"[3] 因此，大国需要明确责任担当与权力边界，在构建新型国际关系进程中发挥建设性、引领性作用。

二、努力构建人类命运共同体

人类社会正处在大发展、大变革、大调整时期。世界经济复苏乏

---

[1]《习近平在中共中央政治局第三十九次集体学习时强调 把中国文明历史研究引向深入 推动增强历史自觉坚定文化自信》，《人民日报》2022 年 5 月 29 日。

[2]《习近平在二十届中共中央政治局常委同中外记者见面时强调 始终坚持一切为了人民一切依靠人民 以中国式现代化全面推进中华民族伟大复兴》，新华网 2022 年 10 月 23 日。

[3] 习近平：《迈向命运共同体 开创亚洲新未来》，《人民日报》2015 年 3 月 29 日。

力,战争冲突频仍,恐怖主义、难民危机、气候变化等非传统安全问题持续蔓延,逆全球化、贸易保护主义、民粹主义思潮上升,冷战思维和强权政治阴魂不散,全球治理的失灵让世界困顿茫然,人类迫切需要新理念新思想,反映人类共同诉求,聚合人类共同愿望。

党的十八大报告在对世界形势作出清醒判断的基础上提出倡导"人类命运共同体"意识。党的二十大报告再次重申,"构建人类命运共同体是世界各国人民前途所在。万物并育而不相害,道并行而不相悖。只有各国行天下之大道,和睦相处、合作共赢,繁荣才能持久,安全才有保障。中国提出了全球发展倡议、全球安全倡议,愿同国际社会一道努力落实。中国坚持对话协商,推动建设一个持久和平的世界;坚持共建共享,推动建设一个普遍安全的世界;坚持合作共赢,推动建设一个共同繁荣的世界;坚持交流互鉴,推动建设一个开放包容的世界;坚持绿色低碳,推动建设一个清洁美丽的世界"。人类命运共同体理念首次载入中国共产党的重要文件,并进而成为新时期中国与世界如何相处的重要指导思想,成为解决世界难题、推动人类社会发展进步的中国方案。

2013年3月,习近平主席在莫斯科国际关系学院首次向国际社会提出命运共同体理念。2015年9月,在第七十届联合国大会一般性辩论时,习近平主席提出"和平、发展、公平、正义、民主、自由,是全人类的共同价值,也是联合国的崇高目标",为推动构建人类命运共同体提供了价值支撑。2017年1月,习近平主席在日内瓦出席"共商共筑人类命运共同体"高级别会议,并发表题为《共同构建人类命运共同体》的主旨演讲,主张共同推进构建人类命运共同体伟大进程,坚持对话协商、共建共享、合作共赢、交流互鉴、绿色低碳,建设一个持久和平、普遍安全、共同繁荣、开放包容、清洁美丽的世界;2月

10日，联合国社会发展委员会第五十五届会议协商一致通过"非洲发展新伙伴关系的社会层面"决议，构建人类命运共同体理念首次被写入联合国决议；3月17日，这一理念被载入安理会决议；3月23日，被载入联合国人权理事会决议；10月18日，党的十九大报告指出，坚持和平发展道路，推动构建人类命运共同体；11月2日，被写入联大两份安全决议……再到2022年1月10日、1月12日，中国分别与尼加拉瓜和叙利亚签署"一带一路"合作谅解备忘录。至此，中国已经与147个国家、32个国际组织签署了共计200余份共建"一带一路"的合作文件。① 从挥洒"大写意"到细绘"工笔画"，共建"一带一路"已成为各方共商共建共享的和平之路、繁荣之路、开放之路、绿色之路、创新之路、文明之路，绘就出一副中国与世界共同发展、共同进步的和美画卷。

十年来，这一理念指导中国特色大国外交在维护世界和平、促进共同发展的道路上不断前进，成为新时代中国特色大国外交的总目标，被写入党章和《中华人民共和国宪法》，成为中国共产党和全体中国人民的共同意志。

坚持推动构建人类命运共同体，是习近平新时代中国特色社会主义外交思想的核心和精髓。习近平总书记判明时代主题，洞察世界发展趋势，在深刻总结国内外历史经验、准确把握人类社会发展规律的基础上，提出了人类命运共同体这一重要理念。这一朴素的理念，产生于对一系列世界之问、时代之问的深刻回答，集中体现了习近平总书记对中国和人类前途命运的深邃思考，有着深刻的历史背景和深远的历史意义。构建人类命运共同体，深刻揭示了当代中国与世界的关

---

① 参见《书写构建人类命运共同体新篇章——写在习近平主席发表〈共同构建人类命运共同体〉主旨演讲5周年之际》，《人民日报》2022年1月17日。

系，反映了实现中华民族伟大复兴中国梦的迫切需要。世界潮流，浩浩荡荡，顺之则昌，逆之则亡。中国共产党百年奋斗的历史经验给人们提供了诸多弥足珍贵的启示，其中最重要的一条就是，坚持胸怀天下。

2021年9月17日，北京冬奥会主题口号正式对外发布，中文口号为"一起向未来"，英文口号为"Together for a Shared Future"。简洁干练的几个字蕴含着博大智慧及深厚情怀，向全球发出了构建人类命运共同体的中国倡议。国际奥委会第138次全会正式将"Together（更团结）"加入奥林匹克格言中，要求运动员在追求战胜对手、超越自我的过程中必须时刻谨记团结合作。北京冬奥会英文主题口号同样体现了"Together（更团结）"，着重强调"人类是命运与共的一家人，只有团结一致才能共同创造美好未来"。冬奥会贯彻以人为中心理念，契合人类命运共同体建设实质；贯彻团结协作理念，契合人类命运共同体建设要求；贯彻创新发展理念，契合人类命运共同体建设方向；贯彻包容共建理念，契合人类命运共同体建设准则，为中国扩大世界影响，增进友好团结，推动国际发展，构建全球治理新秩序，深化人类命运共同体建设提供了重要机遇和持续动力。

"肯取势者可为人先，能谋势者必有所成。"大时代需要大格局，大格局呼唤大胸怀。从"本国优先"的角度看，世界是狭小拥挤的，时时都是"激烈竞争"；从"命运与共"的角度看，世界是宽广博大的，处处都有合作机遇。正如美国库恩基金会主席罗伯特·劳伦斯·库恩所言："人类命运共同体理念富有远见和深刻内涵，传达了巨大的希望。"

三、推动构建网络空间命运共同体

"面对快速变化的世界和中国，如果墨守成规、思想僵化，没有理论创新的勇气，不能科学回答中国之问、世界之问、人民之问、时代之问,不仅党和国家事业无法继续前进,马克思主义也会失去生命力、说服力。"①努力构建网络空间命运共同体就是这样一个亟待回答的"时代之问"的理论和实践课题。蓬勃发展的互联网给人类创造了数字化、网络化、智能化的增长动能和发展机遇,但互联网领域发展不平衡、规则不健全、秩序不合理等问题日益凸显,推动建立多边、民主、透明的全球互联网治理体系日益成为国际社会的广泛共识。习近平总书记指出:"国际网络空间治理,应该坚持多边参与、多方参与,由大家商量着办,发挥政府、国际组织、互联网企业、技术社群、民间机构、公民个人等各个主体作用。"②

一个安全、稳定、繁荣的网络空间,对一国乃至世界和平与发展越来越具有重大意义。《中华人民共和国国民经济和社会发展第十四个五年规划和2035年远景目标纲要》第五篇第十八章"营造良好数字生态"第四节,专门提出推动构建网络空间命运共同体:"推进网络空间国际交流与合作,推动以联合国为主渠道、以联合国宪章为基本原则制定数字和网络空间国际规则。推动建立多边、民主、透明的全球互联网治理体系,建立更加公平合理的网络基础设施和资源治理机制。积极参与数据安全、数字货币、数字税等国际规则和数字技术标准制定。推动全球网络安全保障合作机制建设,构建保护数据要素、处置网络安全事件、打击网络犯罪的国际协调合作机制。向欠发达国家提供技术、设备、服务等数字援助,使各国共享数字时代红利。积极推进网络文化交流互鉴。"

推动建立全球互联网治理体系,需明晰主体角色、制定统一规则、形成相应机制。要以联合国为主渠道、以联合国宪章为基本原则,制

---

① 《习近平谈治国理政》第四卷,外文出版社2022年版,第30页。
② 习近平:《在第二届世界互联网大会开幕式上的讲话》,《人民日报》2015年12月17日。

定数字和网络空间国际规则，使全球互联网治理体系更加公正合理，更加平衡地反映大多数国家意愿和利益，确保全球互联网治理在联合国框架范围内进行。坚持相互信任尊重和国家不分大小、强弱、贫富一律平等的原则，维护网络主权和网络空间平等的发展权、参与权、治理权，完善网络空间对话协商机制，推动形成多边、民主、透明的全球互联网治理体系。发挥好其他国际组织、互联网企业、技术社群、民间机构、公民个人等在全球互联网治理中的作用。

习近平主席指出，数字技术正以新理念、新业态、新模式全面融入人类经济、政治、文化、社会、生态文明建设各领域和全过程，给人类生产生活带来广泛而深刻的影响。当前，世界百年变局和世纪疫情交织叠加，国际社会迫切需要携起手来，顺应信息化、数字化、网络化、智能化发展趋势，抓住机遇，应对挑战。① 尤其是广大发展中国家，不仅希望借鉴中国互联网发展与治理领域的相关经验，也期待中国能够在形成优良国际互联网治理格局方面提供解决方案。因此，中国提出共建网络空间命运共同体理念是审时度势、顺势而为的，是与国际社会特别是发展中国家的共同愿望一致的。

积极推动构建网络空间命运共同体，不仅是实现全球互联网健康、安全、可持续发展的必然选择，也是营造开放、健康、安全数字生态的题中应有之义。共建网络空间命运共同体倡议之所以得到广泛赞誉和期待，主要是因为这一重要理念的提出具有充分的现实依据。

2017年12月3日，习近平主席在致第四届世界互联网大会的贺信中指出："以信息技术为代表的新一轮科技和产业革命正在萌发，为经济社会发展注入了强劲动力，同时，互联网发展也给世界各国主权、

---

① 《习近平向2021年世界互联网大会乌镇峰会致贺信》，《人民日报》2021年9月27日。

安全、发展利益带来许多新的挑战。全球互联网治理体系变革进入关键时期，构建网络空间命运共同体日益成为国际社会的广泛共识。"①2019年10月，在互联网诞生50周年之际，习近平主席再向第六届世界互联网大会致贺信："发展好、运用好、治理好互联网，让互联网更好造福人类，是国际社会的共同责任。各国应顺应时代潮流，勇担发展责任，共迎风险挑战，共同推进网络空间全球治理，努力推动构建网络空间命运共同体。"②

习近平总书记还指出："没有网络安全就没有国家安全；过不了互联网这一关，就过不了长期执政这一关。"③携手应对网络安全问题，需要充分发挥联合国的主渠道作用和其他各类行为主体的积极作用，推动制定各方普遍接受的网络空间国际规则，制定网络空间国际反恐公约，健全打击网络犯罪司法协助机制；需要各国坚持相互尊重、互信共治的基本原则，践行开放合作的网络安全理念，坚持安全与发展并重，深化预警防范、信息共享、应急响应等交流合作，共同遏制网络信息技术滥用，共同反对网络监听、网络攻击、网络空间军备竞赛，共同维护网络空间和平安全。

 延伸阅读

军备竞赛给全球网络安全带来严重威胁

2017年5月12日，"Wanna Cry"勒索病毒在全球爆发，波及150多个国家和地区、10多万个组织和机构以及30多万台电脑，损失总计

---

① 《习近平致第四届世界互联网大会的贺信》，新华网2017年12月2日。
② 《习近平向第六届世界互联网大会致贺信》，新华网2019年10月21日。
③ 习近平：《加快推动媒体融合发展 构建全媒体传播格局》，《求是》2019年第6期。

高达500多亿人民币。众多医院、教育机构以及政府部门遭受攻击。

此次勒索病毒之所以造成严重损失,一个重要原因是美国国家安全局开发的"永恒之蓝"网络武器流入民间,被黑客利用使勒索病毒可以"蠕虫式"传播。微软总裁兼首席法务官史密斯公开指责美国国家安全局在此次勒索病毒事件中负有不可推卸的责任,甚至将此次"网络武器库被盗事件"与战斧导弹遭窃相提并论。这个由美国国家安全局开发的网络武器"永恒之蓝",只是美国国家安全局"方程式"组织所使用的众多网络武器之一。

2017年4月14日,黑客组织"影子经纪人"(Shadow Brokers)公开了包括"永恒之蓝"在内的一大批"方程式"组织使用的极具破坏力的网络攻击工具,利用这些工具,只要联网就可以入侵电脑,就像"Wanna Cry"一样一夜之间就可以造成严重损失。"影子经纪人"曝光的美国国家安全局网络攻击资料还包括:针对浏览器、路由器、手机的网络攻击工具;针对Windows 10的零日漏洞;对全球多家央行和SWIFT系统的入侵记录等。就在同年,"维基解密"(WiKi Leaks)公开了代号"穹顶7"(Vault7)的8761份秘密文件,揭露了美国中央情报局在2013年至2016年间所实施的一系列高度机密的全球性网络入侵活动,内容涉及攻击手法、攻击目标、会议记录、海外行动记录,以及使用的攻击工具和7亿行源代码。专家估计这还只是中央情报局"网战"黑幕的冰山一角。据报道,截至2016年底,中央情报局直属的网络情报中心拥有超过5000名员工,总共设计了超过1000个木马、病毒和其他"武器化恶意代码"。

除了美国国家安全局、中央情报局,美军网军也在开发自己的网络武器。2015年"维基解密"创始人阿桑奇称,美国开发的网络武器多达2000种,是世界上头号网络武器大国。网络武器堪比核武器、生化武器,其对全球基础设施和各国正常生产、生活可能造成严重破坏。美国军队和情报机构这种大量开发网络武器的行为正在引发网络军备竞赛，直接威胁全球网络安全。①

四、共同构建地球生命共同体

与努力构建网络空间命运共同体一样，共同构建地球生命共同体也是一个亟待解决的"时代之问"重大课题。2021年4月22日，在"领导人气候峰会"上，习近平主席首次全面系统阐释了"人与自然生命共同体"理念的丰富内涵和深刻要义。习近平主席指出："面对全球环境治理前所未有的困难，国际社会要以前所未有的雄心和行动，勇于担当，勠力同心，共同构建人与自然生命共同体。""人与自然生命共同体""共同构建人与自然生命共同体"……习近平主席提出的人类命运共同体理念在生态环境领域展开，为人类文明的永续发展指明了方向。2019年5月，生物多样性和生态系统服务政府间科学政策平台（IPBES）发布的《生物多样性和生态系统服务全球评估报告》指出，人类活动改变了75%的陆地表面，影响了66%的海洋环境，超过85%的湿地已经丧失；25%的物种正在遭受灭绝威胁，近1/5地球表面面临动植物入侵风险。2020年1月，世界经济论坛（WEF）发布的《2020年全球风险报告》指出，生物多样性丧失是未来10年全球第四大危机。2020年，新冠肺炎疫情、东非蝗灾、美国西部山火等灾难再次敲响了人与自然关系失调的灾难性警钟。中国是最早加入联合国《生物多样性公约》的国家之一，在国际上率先成立了生物多样性保护国家委员会，统筹全国生物多样性保护工作，发布和实施了《中国生物多样性保护战略与行动计划（2011—2030年）》和"联合国生物多样性十年中国行动方案"。

---

① 参见《美国正在打造全球最大网络武器库 引发网络军备竞赛》，《人民日报》2019年6月13日。

近年来，中国将"生态文明"写入《中华人民共和国宪法》，纳入国家发展总体布局，提出创新、协调、绿色、开放、共享的新发展理念。从发布并实施《中国生物多样性保护战略与行动计划（2011—2030年）》到出台《全国重要生态系统保护和修复重大工程总体规划（2021—2035年）》，从划定全国生态保护红线到建立国家公园体制，中国先后出台40多项文件，持续加大生态空间保护力度，着力加强生态保护和恢复，为生物多样性保护提供坚实的法律和政策保障。2013年，习近平总书记指出，山水林田湖是一个生命共同体；4年后，将"草"纳入这个体系。2021年，习近平总书记在参加全国"两会"内蒙古代表团审议时强调："要统筹山水林田湖草沙系统治理，这里要加一个'沙'字。"系统治理理念逐步形成，山水林田湖草沙生命共同体生机勃勃。2017—2018年，中国连续两年安排超过2600亿资金投入生物多样性相关工作，是2008年投入的6倍。过去10年，中国森林资源增长面积超过7000万公顷，居全球首位。90%的陆地生态系统类型和85%的重点野生动物种群得到有效保护。

习近平总书记指出："人不负青山，青山定不负人。生态文明是人类文明发展的历史趋势。让我们携起手来，秉持生态文明理念，站在为子孙后代负责的高度，共同构建地球生命共同体，共同建设清洁美丽的世界！"[①] 宇宙只有一个地球，人类共有一个家园。到目前为止，地球是人类唯一赖以生存的家园，人类却常常不珍惜。如今，人类面临全球气候变暖、臭氧层耗损与破坏、酸雨蔓延、生物多样性减少、森林锐减、土地荒漠化、大气污染、水污染、海洋污染和危险性废物越境转移等全球生态环境问题。地球病了，但是主要的原因是人类病了，

---

① 习近平：《共同构建地球生命共同体——在〈生物多样性公约〉第十五次缔约方大会领导人峰会上的主旨讲话》，《人民日报》2021年10月13日。

人类的生产生活方式对地球和自然造成了伤害，而这些伤害最终会伤及人类自己。人类只有直面挑战，达成共识，协同行动，化危为机，才能做到人与自然命运共同体和谐共生。人和大自然是一个休戚与共的生命共同体。每个动物，都有自己的生命历程；每株植物，都有自己的生命痕迹。所有生命的存在，构成了多元、丰富和平衡的地球生态系统。

地球生态系统遭到破坏，失去平衡，将会给人类带来巨大灾难。2020年的澳洲山火、非洲蝗灾、新冠肺炎疫情等，都在警醒着人类：人与自然是生命共同体，人类必须敬畏自然、尊重自然、顺应自然、保护自然。人类善待自然，自然也会馈赠人类。破坏了人与自然的和谐关系，就会给人类身体健康、生命安全带来种种意想不到的威胁。每个人珍爱地球，其实就是在珍爱自我。我们对地球负责，其实就是在对自我负责。在新冠肺炎疫情全球蔓延时，人们期盼安全良好生活环境的意愿更加强烈。当我们选择绿色出行时，我们是在承担对地球的责任；当我们选择垃圾分类时，我们是在承担对地球的责任；当我们选择节约用水时，我们是在承担对地球的责任；当我们选择节约能源时，我们是在承担对地球的责任。

这所有的点点滴滴，都不是挟泰山以超北海的难事，而是举手之劳的小事。地球生态系统平衡稳定，人类社会才能获得良好的生存发展环境。地球生态系统震荡断裂，人类社会将面临不可想象的巨大灾难。

人类与其他生物共同生活在地球家园。峰峦叠翠、鸟语花香、鱼跃虎跳……生物多样性既给人们带来美的享受，又是人类走向未来的依托。然而，一个时期以来，工业化带来全球温室气体排放、化学污染、资源不合理开发等问题对全球生态安全带来前所未有的威胁。全

球物种灭绝速度不断加快,生物多样性丧失和生态系统退化对人类生存和发展构成重大风险。《2012》《流浪地球》等电影,其实也在时刻提醒我们,地球生态系统是脆弱的,人类应该尽全力维护地球生态系统平衡。①

关于人和自然的关系,恩格斯在《自然辩证法》中告诫道:"不要过分陶醉于我们人类对自然界的胜利。对于每一次这样的胜利,自然界都对我们进行了报复。"②恩格斯的"自然报复"思想至今仍闪烁着真理的光芒。当人类友好保护自然时,自然的回报是慷慨的;当人类粗暴掠夺自然时,自然的惩罚也是无情的。我们要深怀对自然的敬畏之心,尊重自然、顺应自然、保护自然,构建人与自然和谐共生的地球家园。绿水青山就是金山银山。良好的生态环境既是自然财富,也是经济财富,关系经济社会发展潜力和后劲。我们要加快形成绿色发展方式,促进经济发展和环境保护双赢,构建经济与环境协同共进的地球家园。

习近平总书记站在历史和全局高度,亲自谋划、亲自部署、亲自推动国家"江河战略"。从2020年1月1日起,长江流域332个水生生物保护区实现全面禁捕。如今,长江干流全线保持Ⅱ类水体;黄河干流全线达到Ⅲ类水质标准。2020年2月,全国人大常委会表决通过了《关于全面禁止非法野生动物交易、革除滥食野生动物陋习、切实保障人民群众生命健康安全的决定》。2020年9月22日,习近平主席在第七十五届联合国大会一般性辩论时表示,中国将提高国家自主贡献力度,采取更加有力的政策和措施,二氧化碳排放力争于2030年前达到峰值,努力争取2060年前实现碳中和。

---

① 参见《珍爱地球 愿人与自然命运共同体和谐共生》,央广网2022年4月23日。
②《马克思恩格斯选集》第三卷,人民出版社2012年版,第998页。

"大国要有大国的样子,要展现更多责任担当。"① 大国之大,不在于体量大、块头大、拳头大,而在于胸襟大、格局大、担当大。可以说,中国一直是生物多样性多边进程的积极参与者和推动者。加强生物多样性保护、推进全球环境治理,需要各方持续坚韧努力。只有全世界珍爱地球,人与自然命运共同体才能够和谐共生。地球是全人类的共同家园。地球生态环境关乎人类福祉,关乎未来发展。人类只有团结一致,达成共识,唤醒理性和智慧,凝聚力量和行动,才能共同推进全球生态文明建设,共同推进构建地球生命共同体。正如党的二十大报告指出的,"我们所处的是一个充满挑战的时代,也是一个充满希望的时代。中国人民愿同世界人民携手开创人类更加美好的未来"!

 **能力提升**

建设和谐合作的国际大家庭

习近平总书记在2022年世界经济论坛视频会议演讲中指出:"时代之变和世纪疫情相互叠加,世界进入新的动荡变革期。如何战胜疫情?如何建设疫后世界?这是世界各国人民共同关心的重大问题,也是我们必须回答的紧迫的重大课题。""防止三人成虎",构建中美新型大国关系,至少应从以下几个方面着手:

首先,携手合作,聚力战胜疫情。 事实再次表明,在全球性危机的惊涛骇浪里,各国不是乘坐在190多条小船上,而是乘坐在一条命运与共的大船上。小船经不起风浪,巨舰才能顶住惊涛骇浪。在国际社会共同努力下,全球抗疫已经取得重要进展,但疫情反复延宕,病

---

① 《习近平重要讲话单行本(2021年合订本)》,人民出版社2022年版,第57页。

毒变异增多,传播速度加快,给人民生命安全和身体健康带来严重威胁,给世界经济发展带来深刻影响。任何相互掣肘,任何无端"甩锅",都会贻误战机、干扰大局。

其次,化解各类风险,促进世界经济稳定复苏。 经济全球化是时代潮流。大江奔腾向海,总会遇到逆流,但任何逆流都阻挡不了大江东去。动力助其前行,阻力促其强大。尽管出现了很多逆流、险滩,但经济全球化方向从未改变、也不会改变。世界各国要坚持真正的多边主义,坚持拆墙而不筑墙、开放而不隔绝、融合而不脱钩,推动构建开放型世界经济。要以公平正义为理念引领全球治理体系变革,维护以世界贸易组织为核心的多边贸易体制,在充分协商基础上,为人工智能、数字经济等打造各方普遍接受、行之有效的规则,为科技创新营造开放、公正、非歧视的有利环境,推动经济全球化朝着更加开放、包容、普惠、平衡、共赢的方向发展,让世界经济活力充分迸发。

最后,摒弃冷战思维,实现和平共处、互利共赢。 全球化是不可阻挡的时代潮流,既不是"西方化",也不是"东方化";既不能搞"丛林法则",更不能"赢者通吃"。联合国应本着共商共建共享原则,推动全球化朝着开放、包容、普惠、平衡、共赢的方向实现再平衡。大国更应该带头做国际法治的倡导者和维护者,遵信守诺,不搞例外主义,不搞双重标准。以对话代替冲突,以协商代替胁迫,以共赢代替零和,把本国利益同各国共同利益结合,努力扩大各国共同利益汇合点,建设和谐合作的国际大家庭。

第十一章
"气吞万里如虎"
——脚踏人间正道，何惧世事沧桑

2022年，习近平主席在世界经济论坛视频会议、春节团拜会以及冬奥会欢迎宴会等诸多场合，多次重申在中国传统文化中，虎是百兽之王，是力量、勇敢、无畏的象征，号召我们面对当前人类面临的严峻挑战，要以虎虎生威的雄风、生龙活虎的干劲、气吞万里如虎的精神，勇敢战胜前进道路上各种险阻，全力扫除新冠肺炎疫情阴霾，全力促进经济社会恢复发展，让希望的阳光照亮人类！

在风格豪放、气势雄浑的辛弃疾的词中，《永遇乐·京口北固亭怀古》被世人公认为是巅峰之作。其中，"想当年，金戈铁马，气吞万里如虎"作为辛弃疾战斗性的一生中最为激荡人心的豪言壮语，承载着他毕生的豪情与希望：金戈铁马，挥师北伐，要像猛虎一样，叱咤风云、驰骋疆场、敢于胜利、为国立功。

一、虎虎生威的雄风

在中华民族传统文化里，虎一直是坚强、勇猛、威严、正义、智慧等的象征，虎的精神从多方面滋养了中华民族的精神品格。从古至今，人们把威猛雄健的将军称为"虎将"，把骁勇善战的士兵称为"虎

士","虎"成为军队将士勇猛善战的象征。虎年干事创业要有"虎名",甘当冲锋陷阵的"虎贲"将,愿做勇往直前的"猛虎"兵,更要有老虎气概。

人无精神则不立,国无精神则不强,干事创业,离不了应有的精气神。在这方面,伟大领袖毛泽东是我们的榜样。对于自身特点,毛泽东曾经有过很多评价,其中有一个说法,叫"七分虎气,三分猴气"。1966年,他在给江青的信中写道:"在我身上有些虎气,是为主,也有些猴气,是为次。"① 究竟何谓"虎气"?曾任全国毛泽东哲学思想研究会会长的唐洲雁认为,"虎气"可理解为原则性,是一种立场。在一些重大的战略问题上,在一些涉及国家、民族利益的根本问题上,毛泽东是从来不妥协的,是一个原则性非常强的人。比如当年赫鲁晓夫来谈联合舰队的问题,毛泽东不仅寸步不让,而且发了很大的脾气,因为这涉及中国的主权问题。再比如说新中国成立前夕,面对美国的封锁,毛泽东同样没有丝毫的妥协。他在评论美国国务院白皮书的时候,曾经这样写道:"封锁吧,封锁十年八年,中国的一切问题都解决了。中国人死都不怕,还怕困难吗?"所以说在这些涉及党和国家、民族利益的重大问题上,毛泽东的原则性都非常强。②

龙腾虎跃、虎啸龙吟,可以说是毛泽东最为鲜明的气质特征。他打"虎"、伏"虎",有着"虎踞龙盘今胜昔,天翻地覆慨而慷""忽报人间曾伏虎,泪飞顿作倾盆雨""独有英雄驱虎豹,更无豪杰怕熊罴"的豪迈气概。

2019年11月8日至10日,中央军委召开基层建设会议,习近平

---

① 《毛泽东年谱(一九四九——一九七六)》第五卷,中央文献出版社2013年版,第597页。

② 参见唐洲雁:《走近毛泽东》,《光明日报》2013年12月23日。

总书记出席会议并发表重要讲话指出，要加强战斗精神培育，发扬一不怕苦、二不怕死精神，把官兵带得很有血性，把部队带得虎虎生威。此后，他在多个场合特别是2020年10月视察海军陆战队时再次强调，"要弘扬优良传统，传承红色基因，打造海军陆战队的特色兵种文化，培育一不怕苦、二不怕死的战斗精神，把部队带得虎虎生威"。党的二十大报告更是进一步明确指出，要"繁荣发展强军文化，强化战斗精神培育"。

那么，如何才能做到把部队带得虎虎生威？习近平总书记曾作出过一系列重要论述："坚定不移听党话、跟党走。这是我军的军魂和命根子，永远不能变，永远不能丢"①；"崇高理想信念是人民军队勇往直前的精神力量，是全军将士心中熊熊燃烧的火炬"②。敢于斗争、敢于胜利，一不怕苦、二不怕死，是人民军队血性胆魄的生动写照；改革创新、与时俱进，是人民军队不断发展的康庄大道；必须用铁的纪律凝聚铁的意志、锤炼铁的作风、锻造铁的队伍，任何时候任何情况下都一切行动听指挥、步调一致向前进。唯此，我们这支党和人民完全可以信赖的英雄军队，才会有信心、有能力维护国家主权、统一和领土完整，有信心、有能力为实现中华民族伟大复兴提供战略支撑，有信心、有能力为世界和平与发展作出更大贡献！

 **延伸阅读**

身先士卒，虎虎生威

"大别山里出好汉，生就骨头似铁坚。今日逃出虎狼口，明日回来

---

① 习近平：《在接见全军党的建设工作会议代表时的讲话》，求是网2013年11月6日。
② 习近平：《在庆祝中国人民解放军建军90周年大会上的讲话》，求是网2017年8月1日。

报仇冤。"大别山地区的革命军队不畏强敌、英勇顽强、敢于斗争、敢于胜利，拖不垮、打不烂，越是艰险越向前，压倒一切敌人而绝不为敌人所屈服，在淬火的历练中，涌现出了徐海东、许世友、王近山等一大批血性十足、强悍睿智的将领。

1932年初，蒋介石对鄂豫皖苏区发动第三次"围剿"，红四方面军军部根据军情部署了商潢战役，开国大将、时任红四军第十二师三十六团团长徐海东部成为敌人20多个团的主攻目标。

"人在阵地在！"面对营连排干部伤亡惨重的情况，徐海东不顾安危跑到前沿阵地上，从牺牲的司号员手中拿过军号，亲自吹号指挥战斗，高喊着"共产党员，牺牲也要向前倒"。这场历时半个月的战役，共毙伤俘敌4000余人，缴枪2000余支，最终使数万敌军全线崩溃。

只要打起仗来，徐海东总是身先士卒，虎虎生威，用鲜血交纳"学费"，在战争中学习战争。他一生中先后9次负伤，身上留下了17个窟窿，人们给他起了个绰号"徐老虎"。毛泽东高度赞扬他是"工人阶级的一面旗帜""对中国革命有大功的人"。①

虎虎生威，是气势，也是底气。实现中华民族伟大复兴的中国梦，需要广泛汇聚团结奋斗的正能量。十年砥砺奋进，我们稳经济、促发展，战贫困、建小康，控疫情、抗大灾，应变局、化危机，攻克了一个个看似不可攻克的难关险阻，创造了一个个令人刮目相看的人间奇迹，中国人民的前进动力更加强大、奋斗精神更加昂扬、必胜信念更加坚定，焕发出更为强烈的历史自觉和主动精神。实践充分表明：团结奋斗是中国人民创造历史伟业的必由之路。当前，世界百年未有之大变局加速演进，新一轮科技革命和产业变革深入发展，国际力量对

---

① 参见《红旗屹立 薪火相传——大别山精神述评》，《光明日报》2021年11月3日。

比深刻调整，踏上全面建设社会主义现代化国家、向第二个百年奋斗目标进军的新征程，摆在我们面前的使命更光荣、任务更艰巨、挑战更严峻、工作更伟大。2021年12月31日，在全国政协举行的新年茶话会上，习近平总书记强调，力量生于团结，幸福源自奋斗。团结奋斗，这是一百年来中国共产党人、中国人民、中华民族锤炼铸就的宝贵精神品质。高扬理想信念的旗帜，加强中华儿女大团结，凝聚万众一心的伟力，保持勇毅笃行的坚定，展现虎虎生威的雄风，方能取得更加伟大的胜利和荣光。

二、生龙活虎的干劲

大道至简，实干为要；创业维艰，奋斗以成。2022年春节前夕，习近平总书记赴山西看望慰问基层干部群众时指出："让人民群众过上幸福生活，是我们党百年来的执着追求，我们要不忘初心、牢记使命，一代接着一代干。"生龙活虎、龙腾虎跃的干劲，不仅是一种积极向上的人生状态，更是中国共产党人用百年奋斗书写的精神底色。

回望历史，数千年来中国人民始终革故鼎新、自强不息，中国人民是靠自己的聪明才智、辛勤汗水和刻苦耐劳，创造了辉煌的人类文明成果。新中国成立以来、改革开放以来特别是党的十八大以来，中国共产党率领中国人民苦干实干拼命干，使中华民族迎来了从站起来、富起来到强起来的伟大飞跃。中国人民深知也更加深信：世界上没有坐享其成的好事，想发展就要靠自己苦干实干拼命干，要幸福就要奋斗，"社会主义是干出来的，新时代也是干出来的"[1]。

中华人民共和国成立后，中国共产党从国民党手中接过来的中国

---

[1]《习近平给中国劳动关系学院劳模本科班学员的回信》，新华网2018年4月30日。

可谓是满目疮痍、百废待兴，整个经济处于极端落后的状态：工业整体上处于手工作业的状况，根本谈不上体系，工业产品少得可怜；农业还停留在手工耕作、靠天吃饭的水平上；交通运输工具落后，数千年前就已经使用的畜力车和木帆船等运输工具仍然在大量使用；邮电、通信技术设备非常落后，电话、电报多用手工方式操作，约有一半的县没有自动电话，约有 1/4 的县不通电报和长途电话，中西部地区普遍处于十分闭塞的状态；市场上商品严重匮乏，大多数人民的温饱问题还没有解决。全世界都在注视着新中国，猜测她能否站住脚，会不会坚持不住而失败。①

面对这样一个千疮百孔、一穷二白的"烂摊子"，在进行抗美援朝、土地改革和各项民主改革的条件下，党和政府领导开展了包括经济、政治、教育、文化等多方面的新民主主义建设。

经过三年的努力，我国整个国民经济得到全面恢复和初步发展。1952 年，全国工农业产值 810 亿元，比 1949 年增长 73.8%。国家财政收入有了成倍增加，1952 年比 1950 年增长 181.7%，并且收大于支，连年结余。在财政总支出中，用于经济建设的支出逐年上升，社会文化事业支出不断增长。城乡人民收入逐年增长，生活普遍得到改善。中华人民共和国成立后头三年国民经济的全面恢复和初步发展，为国家开始进行大规模的经济建设和沿着新民主主义轨道逐步走向社会主义奠定了良好的基础。②

"文化大革命"结束后，在中国向何处去的重大历史关头，党的十一届三中全会决定停止使用"以阶级斗争为纲"的口号，作出把全

---

① 参见谢春涛：《历史的轨迹：中国共产党为什么能？》，新世界出版社 2012 年版，第 27 页。

② 参见张士义：《新中国：砥砺奋进的七十年》，东方出版社 2019 年版，第 42—43 页。

党工作的重点转移到社会主义现代化建设上来、实行改革开放的历史性决策，实现了新中国成立以来党的历史上具有深远意义的伟大转折。

新中国成立后，习仲勋同志主导广东改革开放和经济特区建设，积极推动社会主义民主法制建设，为经济发展与社会稳定立下汗马功劳。1979年4月，习仲勋到北京参加中央工作会议。他在发言中希望中央能根据广东紧靠港澳、华侨众多的特点，给予特殊政策，在深圳、珠海、汕头建立出口加工区。这一设想得到了邓小平的大力支持。关于如何命名这几处实行特殊政策的地区，邓小平说："还是叫特区好，陕甘宁开始就叫特区嘛！中央没有钱，可以给些政策，你们自己去搞，杀出一条血路来。"①

1979年7月，党中央、国务院批转广东省委、福建省委的报告，确认两省对外经济活动实行特殊政策和灵活措施，先走一步，把经济尽快搞上去，同时决定在深圳、珠海划出部分地区试办出口特区。1980年5月，党中央、国务院正式决定将"出口特区"定名为"经济特区"。1980年8月，五届全国人大常委会第十五次会议批准广东、福建两省在深圳、珠海、汕头、厦门设置经济特区。

在中央决策的推动下，来自四面八方的特区建设者披荆斩棘、艰苦创业，短短几年间，将深圳、珠海这些昔日落后的边陲小镇、荒滩渔村，建设成为生机勃勃的崭新城市，创造了敢闯敢试、敢为人先、埋头苦干的特区精神。经济特区成为中国改革开放的重要窗口，向世界展示了中国改革开放的磅礴伟力。②

经济特区成立以来，创造了永载史册的中国速度、中国奇迹。2020年10月14日，在深圳经济特区建立40周年庆祝大会上，习近平

---

① 《中国共产党简史》，人民出版社、中共党史出版社2021年版，第237页。
② 《中国共产党简史》，人民出版社、中共党史出版社2021年版，第237页。

总书记特别指出:"要弘扬以爱国主义为核心的民族精神和以改革创新为核心的时代精神,继续发扬敢闯敢试、敢为人先、埋头苦干的特区精神,激励干部群众勇当新时代的'拓荒牛'。""以一往无前的奋斗姿态、风雨无阻的精神状态,改革不停顿,开放不止步,在更高起点上推进改革开放,推动经济特区工作开创新局面,为全面建设社会主义现代化国家、实现第二个百年奋斗目标作出新的更大的贡献。"

"空谈误国,实干兴邦""实干才能梦想成真""中国人民是具有伟大奋斗精神的人民""新时代是奋斗者的时代"……党的十八大以来,习近平总书记多次用这些朴实而深刻的话语激励广大干部群众艰苦奋斗、苦干实干,强调只要精诚团结、共同奋斗,就没有任何力量能够阻挡中国人民实现梦想的步伐。10年间,"墨子"传信、"神舟"飞天、"北斗"组网、"嫦娥"探月、"蛟龙"入海……在新发展理念的引领下,"我国经济实力实现历史性跃升。国内生产总值从五十四万亿元增长到一百一十四万亿元,我国经济总量占世界经济的比重达百分之十八点五,提高七点二个百分点,稳居世界第二位;人均国内生产总值从三万九千八百元增加到八万一千元。谷物总产量稳居世界首位,十四亿多人的粮食安全、能源安全得到有效保障。城镇化率提高十一点六个百分点,达到百分之六十四点七。制造业规模、外汇储备稳居世界第一。建成世界最大的高速铁路网、高速公路网,机场港口、水利、能源、信息等基础设施建设取得重大成就。我们加快推进科技自立自强,全社会研发经费支出从一万亿元增加到二万八千亿元,居世界第二位,研发人员总量居世界首位。基础研究和原始创新不断加强,一些关键核心技术实现突破,战略性新兴产业发展壮大,载人航天、探月探火、深海深地探测、超级计算机、卫星导航、量子信息、核电技术、新能源技术、大飞机制造、生物医药等取得重大成果,进入创新型国家行列"①。从安居乐业到天蓝、地绿、水净，从"通讯基本靠喊、照明基本靠油"到"楼上楼下电灯电话"，中华儿女不懈奋斗，书写了民族复兴的崭新篇章。

在2022年春节团拜会上，习近平总书记再次强调："对百年奋斗历史最好的致敬，是书写新的奋斗历史。"② 2022年10月28日上午，习近平总书记来到河南安阳林州市红旗渠纪念馆，依次参观后指出："红旗渠就是纪念碑，记载了林县人不认命、不服输、敢于战天斗地的英雄气概。要用红旗渠精神教育人民特别是广大青少年，社会主义是拼出来、干出来、拿命换来的，不仅过去如此，新时代也是如此。"③ 只要我们保持战略定力，掌握历史主动，乘势而上、砥砺前行，继续以奋斗者的姿态和干劲，找准方向，找对方法，踔厉奋发、笃行不怠，撸起袖子加油干，一任接着一任干，干他个热火朝天，干出个气象万千，就一定能跨过险滩、越过恶浪，履险如夷，一步步抵达理想的彼岸，在奋斗中造就更加美好的明天。

三、捉虎擒蛟的本领

2012年11月15日，刚刚当选中共中央总书记的习近平同志在人民大会堂面对中外记者时，就语气冷静而坚毅地指出"打铁还需自身硬"。通俗形象、掷地有声的话语，道出了质朴深刻的逻辑：打最硬的铁，须是铁打的人。党的十九届六中全会通过的《中共中央关于党

---

① 习近平：《高举中国特色社会主义伟大旗帜　为全面建设社会主义现代化国家而团结奋斗——在中国共产党第二十次全国代表大会上的报告》，人民出版社2022年版，第8页。
② 《习近平在2022年春节团拜会上的讲话》，新华网2022年1月30日。
③ 《习近平在陕西延安和河南安阳考察时强调　全面推进乡村振兴　为实现农业农村现代化而不懈奋斗》，《人民日报》2022年10月29日。

的百年奋斗重大成就和历史经验的决议》鲜明指出："党和人民事业发展需要一代代中国共产党人接续奋斗，必须抓好后继有人这个根本大计。""要源源不断培养选拔德才兼备、忠诚干净担当的高素质专业化干部。"党的二十大报告特别强调，全面建设社会主义现代化国家，必须有一支政治过硬、适应新时代要求、具备领导现代化建设能力的干部队伍。上山打老虎要力量，下海擒蛟需要技能。要做到想干事、能干事、干成事，就必须不断提升"捉虎擒蛟"的本领。

"捉虎擒蛟"这一成语出自明代无名氏杂剧《大劫牢》的第三折："捉虎擒蛟真壮士，好汉声名播四方。"意思是能上山捉老虎，下海擒蛟龙，比喻本领大。党的十八大以来，习近平总书记站在新时代推进中国特色社会主义伟大事业的战略高度，反复强调全党同志要不断提高实现伟大事业迫切需要的各种履职尽责能力。党的十九大报告强调，领导十三亿多人的社会主义大国，我们党"既要政治过硬，也要本领高强"，并提出亟待增强的"八项本领"，即学习本领、政治领导本领、改革创新本领、科学发展本领、依法执政本领、群众工作本领、狠抓落实本领、驾驭风险本领。

自2019年3月以来，习近平总书记更是连续6次出席中央党校（国家行政学院）中青年干部培训班开班式，强调党员干部要提高能力，做到"忠诚、干净、担当"。6次授课，主题各有侧重又一脉相承。第一次课是嘱托年轻干部重点从理论修养、理想信念、初心使命、修炼自我、担当作为五个方面加强学习，做到信念坚、政治强、本领高、作风硬；第二次课是要求发扬斗争精神增强斗争本领；第三次课是着重强调提高七种能力解决实际问题；第四次课是勉励年轻干部立志做党的光荣传统和优良作风的忠实传人；第五次课用"信念坚定、对党忠诚，注重实际、实事求是，勇于担当、善于作为，坚持原则、敢于斗争、严守规矩、不逾底线，勤学苦练、增强本领"48个字，告诫年轻干部必须练好内功、提升修养，努力成为可堪大用、能担重任的栋梁之材；第六次课再次勉励广大干部筑牢理想信念根基树立践行正确政绩观，在新时代新征程上留下无悔的奋斗足迹。①

从增强"八项本领"到提高"七种能力"，既是党和国家应对新时代复杂国际国内环境提出的新要求，也是每一个党员干部特别是青年干部成长的必然要求。从整体性和系统性来看，如果对二者重合部分进行合并，我们可以发现共有十个相互联系、相辅相成的素养要求。如果将之比喻成一台电脑，那么学习能力是"输入系统"，政治能力是"导航系统"，调查研究能力是"排查系统"，科学决策能力是"中央处理系统"，改革创新本领和改革攻坚能力是"驱动系统"，应急处突能力是"危机排除系统"，群众工作能力是"服务系统"，抓落实能力是"操作系统"，科学发展是"编程系统"，依法执政是"杀毒系统"。②

那么在十大综合素养中，最重要的是哪个方面呢？"坚持真理、坚守理想"作为中国共产党伟大革命精神的灵魂支柱，居于首位，统领各个方面。习近平总书记在2022年春季学期中央党校（国家行政学院）中青年干部培训班开班式上特别强调："年轻干部要胜任领导工作，需要掌握的本领是很多的。最根本的本领是理论素养。"因此，对广大党员干部而言，首要的本领就是要有刀刃向内的自我革新精神，不断提升理论素养。

习近平总书记告诉我们："革命理想高于天。中国共产党之所以叫

---

① 参见《习近平总书记连续6次亲授中央党校（国家行政学院）中青班"开学第一课"，究竟有何深意？》，中共中央党校（国家行政学院）网2022年3月2日。
② 参见李琴：《新时代青年干部要不断锤炼"八项本领"铸就"七种能力"》，金羊网2021年5月28日。

共产党，就是因为从成立之日起我们党就把共产主义确立为远大理想。我们党之所以能够经受一次次挫折而又一次次奋起，归根到底是因为我们党有远大理想和崇高追求。"①中国共产党坚持真理、坚守理想的自觉来自马克思主义。马克思主义的立场、观点、方法是做好工作的看家本领，是指导我们认识世界、改造世界的强大思想武器。回顾党的百年辉煌奋斗历程可以发现，我们党之所以能够不断历经艰难困苦创造新的辉煌，很重要的一条就是我们党始终重视思想建党、理论强党，坚持用科学理论武装广大党员、干部的头脑，使全党始终保持统一的思想、坚定的意志、强大的战斗力。

1958年，"两弹一星"元勋邓稼先在接受研制原子弹历史重任的那天晚上，对妻子说："我的生命就献给未来的工作了，做成了这件事，我的一生都会过得很有意义，就算死了也值得。"谁也不曾想到，他这一走，便是杳无音讯的28年。28年里，他隐姓埋名，远赴茫茫大漠荒滩，以板房帐篷为家，以戈壁黄沙为伴，苦干惊天动地事，甘做隐姓埋名人，为中国核武器事业耗尽毕生心血。临终时，他念兹在兹的还是"不要让人家把我们落得太远"。②

理想信念是立党兴党之基，更是党员的安身立命之本。"实践告诉我们，中国共产党为什么能，中国特色社会主义为什么好，归根到底是马克思主义行，是中国化时代化的马克思主义行。拥有马克思主义科学理论指导是我们党坚定信仰信念、把握历史主动的根本所在。"③面对"两个大局"交织下的风险考验，要继续战胜前进道路上各种各样

---

① 《习近平谈治国理政》第二卷，外文出版社2017年版，第34页。
② 参见求是网评论员：《把人生理想融入复兴伟业》，求是网2022年5月4日。
③ 习近平：《高举中国特色社会主义伟大旗帜　为全面建设社会主义现代化国家而团结奋斗——在中国共产党第二十次全国代表大会上的报告》，人民出版社2022年版，第16页。

的拦路虎、绊脚石，广大党员干部必须始终政治过硬，把马克思主义作为看家本领，坚持用习近平新时代中国特色社会主义思想统一思想、统一意志、统一行动，自觉做共产主义远大理想和中国特色社会主义共同理想的坚定信仰者和忠实实践者，坚持学思用贯通、知信行统一，把习近平新时代中国特色社会主义思想转化为坚定理想、锤炼党性和指导实践、推动工作的强大力量。以更宽广的视野、更长远的眼光来思考把握未来发展面临的一系列重大问题，在实践中不断锤炼、淬炼、历练、锻炼，切实提高运用马克思主义分析和解决实际问题的能力，使各项工作朝着正确方向、按照客观规律推进。

新时代是奋斗者的时代，世界上最大的幸福莫过于为人民幸福而奋斗。2022年4月12日，习近平总书记在海南视察文昌航天发射场时发表重要讲话强调："要大力弘扬'两弹一星'精神、载人航天精神，坚持面向世界航天发展前沿、面向国家航天重大战略需求，强化使命担当，勇于创新突破。"以特别能吃苦、特别能战斗、特别能攻关、特别能奉献为标志的载人航天精神是中国共产党人精神谱系的重要组成部分。从伟大建党精神到"两弹一星"精神再到载人航天精神，都在激励广大党员干部要心怀"国之大者"，增强斗争本领，以"初生牛犊不怕虎"之力铆足干劲、以"不入虎穴焉得虎子"之行大胆实践、以"明知山有虎偏向虎山行"之志攻坚克难，干出"龙腾虎跃"的事业，继续书写中国特色社会主义伟大事业的历史新篇章！

四、众虎同心的力量

"孤举者难起，众行者易趋。"虎虎生威、生龙活虎，并非单刀赴会、孤军作战，而应是众虎同心，合力攻坚。党的二十大报告深刻指出："新时代的伟大成就是党和人民一道拼出来、干出来、奋斗出来的！"

2022年1月30日，习近平总书记在2022年春节团拜会上指出："一百年来，党和人民取得的一切成就都是团结奋斗的结果，团结奋斗是中国共产党和中国人民最显著的精神标识。"中华民族之所以能够在今天取得如此巨大的成就并坚定地屹立于世界民族之林，归根结底是因为我们党能够团结起各族人民，大家心往一处想、劲往一处使，拧成一股牢不可断的"麻绳"，全力以赴共同奔向中国梦。

我们党的百年奋斗史充分证明，团结就是力量，奋斗开创未来；能团结奋斗的民族才有前途，能团结奋斗的政党才能立于不败之地。

1940年是中华民族全面抗战的第四年，日本侵略者对华北敌后抗日根据地实行"囚笼政策"，即以铁路为链、以公路为环、以据点为锁，隔绝我们党领导的抗日斗争。同时，国民党顽固派掀起反共高潮，制造军事摩擦，并大肆造谣，诬蔑"八路军游而不击""专打友军、不打日本"，使一些不明真相的人对八路军产生怀疑。在这种形势下，八路军总部决定向华北日军占领的交通线和据点发起大规模破击战。这次大规模攻势作战，覆盖了除山东以外的整个华北地区的主要交通线，在这些地区的日军约20万人，参战的八路军共有105个团，所以称作"百团大战"。百团大战的号角，由《战役行动命令》正式吹响。

参加过这次大战指挥的聂荣臻，后来回忆百团大战打响时的情景说："我清楚地记得那一刻的情景，真是壮观得很啊！一颗颗攻击的红色信号弹腾空而起，划破了夜空，各路突击部队简直像猛虎下山，扑向敌人的车站和据点，雷鸣般的爆炸声，一处接着一处，响彻正太路全线。指挥所几个年轻参谋激动地对我说，他们参军以来，还没有见过这样红火的战斗场面。"

百团大战是八路军在敌后战场发动的一次规模最大、持续时间最长的战略性战役。军事上，它沉重打击了日军在华北的"囚笼政策"，迫使日军不得不从正面战场抽兵华北，从而对正面战场形成战略支援。政治上，则粉碎了国民党顽固派对八路军"游而不击"的谣言，有力地振奋了全国军民的抗战信心。①

2019年5月，习近平总书记在江西考察并主持召开座谈会时指出，在实现第二个百年奋斗目标新的赶考之路上，"只要我们保持坚定理想信念和坚强革命意志，就能把一个个坎都迈过去，什么陷阱啊，什么围追堵截啊，什么封锁线啊，把它们通通抛在身后！"只要我们志存高远、脚踏实地，铆足虎虎生威的雄风、生龙活虎的干劲、气吞万里如虎的精神，鼓起实劲、亮出实招、做出实效，有何困难不能战胜？有何障碍不能粉碎？

奥林匹克运动不仅是竞技运动，更是团结精神的实践。胜利闭幕的无与伦比的北京冬奥会，也正是人类团结精神的非凡典范。体现运动员"团结与和平"精神的温馨场景在北京冬奥会的赛场上比比皆是。各国和各地区运动员在赛场上奋进、不屈，在赛场下欢聚、分享。奥林匹克精神被生动演绎，成为全人类的宝贵财富。2022年4月21日，国务院新闻办公室首次专门就青年群体发布的《新时代的中国青年》白皮书指出："青年健儿大力弘扬中华体育精神和女排精神，向全世界诠释了'更快、更高、更强——更团结'的奥林匹克新格言，展示了中国青年强健有力的民族精神。"②

2022年4月8日上午10点30分，北京冬奥会、冬残奥会总结表彰大会在人民大会堂隆重举行，习近平主席出席大会并发表重要讲话，充分肯定了北京冬奥会、冬残奥会的巨大成绩，全面回顾了7年筹办

---

① 参见中央档案馆国家档案局编：《100个档案故事讲述党的历史》，党建读物出版社2021年版，第122—124页。

②《新时代的中国青年》，光明网2022年4月21日。

备赛的不平凡历程,深入总结了筹备举办的宝贵经验,深刻阐述了北京冬奥精神。"胸怀大局、自信开放、迎难而上、追求卓越、共创未来"的崇高的北京冬奥精神是中华民族宝贵的精神财富,是激励全党全国各族人民在新时代更好地坚持和发展中国特色社会主义、实现中华民族伟大复兴的强大精神动力。

历经 7 年艰辛努力,在全球新冠肺炎疫情大流行背景下举办的奥运盛会,吸引了世界 90 个国家和地区近 3000 名运动员参与,成为增进中国与世界各国团结的纽带。不仅体现了中国守信重诺的大国形象与责任担当,极好地践行了奥林匹克"更快、更高、更强——更团结"的精神,还体现了体育精神与人类命运共同体建设要求的完美结合。中国人民同各国人民一道,以虎虎生威的雄风、万众一心的伟力、艰苦卓绝的努力,克服各种困难挑战,汇聚复兴强大力量,团结合作走向未来,再次共创一场载入史册的奥运盛会就是一个讲好中国故事、传播好中国声音的成功样本。

"团结奋斗"是贯穿党的二十大报告的一个主题词。从报告开篇的大会主题强调,"为全面建设社会主义现代化国家、全面推进中华民族伟大复兴而团结奋斗";到报告最后以"团结奋斗"四字铿锵结语。并指出"团结奋斗是中国人民创造历史伟业的必由之路"。大会第二天,也就是 2022 年 10 月 17 日上午,习近平总书记参加党的二十大广西代表团讨论时强调,全党全国各族人民要在党的旗帜下团结成"一块坚硬的钢铁",心往一处想、劲往一处使,推动中华民族伟大复兴号巨轮乘风破浪、扬帆远航。团结成"一块坚硬的钢铁"这一比喻,生动形象地指明了团结奋斗之于民族复兴的重要意义。时至今日,处于两个百年交汇点,在迈上全面建设社会主义现代化国家新征程、向第二个百年奋斗目标进军的重要关头,党的二十大对加强党的全面领导和推进新时代党的建设新的伟大工程作出重要部署,并强调我们必须忠实履行党章赋予的职责,坚定不移推进全面从严治党。习近平总书记再以"钢铁"为喻,必将有力指引全党全国各族人民在党的旗帜下团结成"一块坚硬的钢铁",撸起袖子加油干,风雨无阻向前进。

 **能力提升**

提升政治能力,提高理论素养

锤炼"八项本领"、铸就"七种能力",政治能力是最重要的能力,是全部能力和本领的核心。对此,习近平总书记再三强调:"在干部干好工作所需的各种能力中,政治能力是第一位的。"[①] 带头坚定理想信念,不断提高政治敏锐性和政治鉴别力,敬畏党的政治纪律和政治规矩,自觉加强政治历练、实践磨炼,增强政治自制力,始终做政治上的"明白人""老实人",对"国之大者"领悟到位,自觉在思想上政治上行动上同党中央保持高度一致。

政治上的坚定、党性上的坚定都离不开理论上的坚定。习近平总书记指出:"干部要成长起来,必须加强马克思主义理论武装。"[②] 突出政治训练,重点是学懂弄通做实党的理论特别是新时代中国特色社会主义思想,要按照总书记的指引,读原著、学原文、悟原理,强读强记,常学常新,往深里走、往实里走、往心里走,把自己摆进去、把职责摆进去、把工作摆进去,持续用力、久久为功,掌握马克思主义立场、观点、方法,做到学、思、用贯通,知、信、行统一。

---

① 习近平:《在 2020 年秋季学期中央党校(国家行政学院)中青年干部培训班开班式上的讲话》,求是网 2020 年 10 月 10 日。

② 习近平:《在 2019 年春季学期中央党校(国家行政学院)中青年干部培训班开班式上的讲话》,求是网 2019 年 3 月 1 日。

对于如何提升本领特别是最根本的本领——理论素养，习近平总书记指出："领导干部学习理论也要有这三种境界。首先，理论学习上要有'望尽天涯路'那样志存高远的追求，耐得住'昨夜西风凋碧树'的清冷和'独上高楼'的寂寞，静下心来通读苦读；其次，理论学习上要勤奋努力，刻苦钻研，舍得付出，百折不挠，下真功夫、苦功夫、细功夫，即使是'衣带渐宽'也'终不悔'，'人憔悴'也心甘情愿；再次，理论学习贵在独立思考，学用结合，学有所悟，用有所得，要在学习和实践中'众里寻他千百度'，最终'蓦然回首'，在'灯火阑珊处'领悟真谛。"①

除此之外，我们还要从知行合一的角度审视自己、要求自己、检查自己。改革攻坚能力是高质量发展的必然要求，群众工作能力是党的宗旨意识和阶级属性的集中表现，抓落实能力是对实践精神的强调。我们要紧密结合工作实际，锤炼实干精神和实践能力，在工作中不断训练，在实践中不断提高调查研究能力、科学决策能力、应急处突能力，坚定坚决、不折不扣、落实落细党中央决策部署。

---

① 习近平：《之江新语》，浙江人民出版社2007年版，第6页。

第十二章
"松风一起知虎来"
——防范和化解各种重大风险

习近平总书记在2019年秋季学期中央党校（国家行政学院）中青年干部培训班开班式上发表重要讲话指出："领导干部要有草摇叶响知鹿过、松风一起知虎来、一叶易色而知天下秋的见微知著能力，对潜在的风险有科学预判，知道风险在哪里，表现形式是什么，发展趋势会怎样，该斗争的就要斗争。"在2020年秋季学期中央党校（国家行政学院）中青年干部培训班开班式上习近平总书记再次指出："预判风险是防范风险的前提，把握风险走向是谋求战略主动的关键。要增强风险意识，下好先手棋、打好主动仗，做好随时应对各种风险挑战的准备。要努力成为所在工作领域的行家里手，不断提高应急处突的见识和胆识，对可能发生的各种风险挑战，要做到心中有数、分类施策、精准拆弹，有效掌控局势、化解危机。"

党的十八大以来，面对波谲云诡的国际形势、复杂敏感的周边环境、艰巨繁重的改革发展稳定任务，以习近平同志为核心的党中央坚持底线思维，增强忧患意识，提高防控能力，着力防范化解重大风险，保持了经济持续健康发展和社会大局稳定。2018年1月5日，习近平总书记在新进中央委员会的委员、候补委员和省部级主要领导干部学

习贯彻习近平新时代中国特色社会主义思想和党的十九大精神研讨班开班式上提出了"三个一以贯之":坚持和发展中国特色社会主义要一以贯之,推进党的建设新的伟大工程要一以贯之,增强忧患意识、防范风险挑战要一以贯之。"于安思危,于治忧乱。"我们党在内忧外患中诞生,在磨难挫折中成长,在战胜风险挑战中壮大,始终有着强烈的忧患意识、风险意识。

一、既要有远见,也要有预见

"月晕而风,础润而雨。"事物的发展都是一个渐进变化的过程,任何端倪都不是偶然的、独立的,必然存在与之相关联的事物或现象。站在海边眺望远处驶来的船只时,人们总是先看到桅杆,再看到船的一部分,最后看到全部船体。一代伟人毛泽东认为:"只有当着还没有出现大量的明显的东西的时候,当桅杆顶刚刚露出的时候,就能看出这是要发展成为大量的普遍的东西,并能掌握住它,这才叫领导。"[1] 如果无视、忽视或不懂、不善看"桅杆顶",或将导致机遇的错失,与机遇擦肩而过;或老虎来了还以为是猫,难免猝不及防。

不谋万世者不足以谋一时。能够从"桅杆顶"看到趋势、看到未来,这既是一种战略思维,也是干事创业不可或缺的能力和素养。有远见的领导,善于窥一斑而知全豹,处一隅而观全局,善于把那些苗头性、倾向性的东西辨别出来,从已然看到未然,从现象看到本质,从现在看到未来。

眼光放得长远,方向才能辨得明,大势才能看得清,问题才能看得准。对大局了然于胸、对大势洞幽烛微,才能因势而谋、应势而动、

---

[1]《毛泽东文集》第三卷,人民出版社1996年版,第394—395页。

顺势而为，从而赢得战略主动。陈云当年在主持财经工作期间，喜欢逛市场。有一次，他来到一间只有5平方米的杂货铺，看老板怎么忙活生意，发现有个戴瓜皮帽的人总是拿着水烟袋坐在后头抽，陈云后来告诉别人，这个人是在思考进什么货，出什么货，该给顾客准备点什么东西。他还多次援引这个例子，说我们需要有这种戴瓜皮帽、拿水烟袋的人，能够站在较远的地方去看全局。①古人讲，"不识庐山真面目，只缘身在此山中。"只有站在"较远的地方"，透过纷繁复杂的表面现象把握事物的本质和发展的内在规律，才能更好地在解决突出问题中实现战略突破，在把握战略全局中推进各项工作。

真正富有预见的人，都懂得并善于看"桅杆顶"，从"桅杆顶"中分析研究出事物发展的动态、趋势和规律。一个人水平的高低，很重要的一点就在于能否"为之于未有，治之于未乱"，对可能遇到的困难和问题提前考虑、预先谋划，努力抢占先机、赢得主动。一方面，矛盾总是客观存在的，旧的矛盾解决了，新的矛盾又会产生；另一方面，做任何事，科学预判形势、做好充足准备，就能够谋定而后动，在不断解决矛盾中推动事业向前发展。而能否解决好矛盾，一个重要方面，就是有没有预见，能不能把握事物发展总体趋势和方向。任何矛盾都有一个发生、发展的过程，见微知著、抓早抓小，方能洞察先机、趋利避害。在这个意义上，广大党员干部必须学会看"桅杆顶"，科学预判潜在风险，准确把握发展趋势，练就见微知著能力。

二、坚持底线思维，增强忧患意识

习近平总书记2021年1月11日在省部级主要领导干部学习贯彻

---

① 参见陈伟力、陈元、陈伟华、陈伟兰、陈方：《无尽的思念 永远的丰碑——怀念我们的父亲陈云》，共产党员网2015年6月26日。

党的十九届五中全会精神专题研讨班开班式上指出:"随着我国社会主要矛盾变化和国际力量对比深刻调整,必须增强忧患意识、坚持底线思维,随时准备应对更加复杂困难的局面。"

"生于忧患,死于安乐。"忧患意识是中华民族能够生生不息、绵延不绝的文化基因,也是融入中国共产党精神血脉的政治品质。我们党诞生于忧患、成长于忧患、壮大于忧患。百年来,我们党所经历的困难与风险世所罕见。其中有危难之际的绝处逢生,有挫折之后的毅然奋起,有失误之后的拨乱反正,有磨难面前的百折不挠,正是一代代中国共产党人心存忧患、肩扛重担,才团结带领中国人民不断从胜利走向新的胜利。在党的七大上,面对抗战即将胜利的局面,毛泽东在指出光明面的同时,告诫全党要"准备吃亏""准备困难",并列举了可能出现的"十七条困难",强调"要在最坏的可能性上建立我们的政策"。党的七大制定了一整套正确的路线、纲领和策略,为夺取抗日战争胜利和新民主主义革命胜利奠定了坚实的基础。党的十一届三中全会,开启了改革开放和社会主义现代化的伟大征程。邓小平指出:"我们要把工作的基点放在出现较大的风险上,准备好对策。这样,即使出现了大的风险,天也不会塌下来。"① 党的十八大以来,习近平总书记反复告诫全党要"安而不忘危,存而不忘亡,治而不忘乱",必须准备付出更为艰巨、更为艰苦的努力,进行具有许多新的历史特点的伟大斗争。

底线,即不可逾越的界限,是事物发生质变的临界点。一旦突破这个界限,就会产生不可估量的危害、导致难以承受的后果。底线思维,就是以底线为基本导向,调控事物朝着预定目标发展的一种思维

---

① 《邓小平文选》第三卷,人民出版社1993年版,第267页。

方法，体现了马克思主义唯物辩证法中主观能动性与客观规律性的关系、质变与量变的原理，是"有守"和"有为"的有机结合。习近平总书记多次强调："要善于运用'底线思维'的方法，凡事从坏处准备，努力争取最好的结果，这样才能有备无患、遇事不慌，牢牢把握主动权。"①

统筹发展和安全，是一个国家、一个民族生存与进步必须处理好的首要问题。党的十九届五中全会要求，"深刻认识我国社会主要矛盾变化带来的新特征新要求，深刻认识错综复杂的国际环境带来的新矛盾新挑战，增强机遇意识和风险意识"，强调统筹发展和安全，把安全发展贯穿国家发展各领域和全过程，防范和化解影响我国现代化进程的各种风险，筑牢国家安全屏障。党的二十大报告深入阐述、反复强调要统筹发展和安全，明确指出，"我们必须增强忧患意识，坚持底线思维，做到居安思危、未雨绸缪，准备经受风高浪急甚至惊涛骇浪的重大考验"。发展解决的是动力问题，是推动国家和民族赓续绵延的根本支撑；安全解决的是保障问题，是确保国家和民族行稳致远的坚强柱石。它们犹如一枚硬币的两面，紧密相关、缺一不可，从来都是相依而生、存亡与共的。正如古人所言："故国虽大，好战必亡；天下虽安，忘战必危。"从起起落落的历史沉浮中，我们更能真切地体会到这一点。

增强忧患意识才能不断巩固党的执政地位。像我们这样一个大国，这么复杂的国情，时时都要居安思危。我们越发展壮大，遇到的阻力和压力就会越大，面临的外部风险就会越多。任何时候都要有"如履薄冰，如临深渊"的自觉、"治大国若烹小鲜"的态度，丝毫不能懈怠、

---

① 《习近平总书记系列重要讲话读本（2016年版）》，学习出版社、人民出版社2016年版，第288页。

不能马虎。党的十九大报告指出:"统筹发展和安全,增强忧患意识,做到居安思危,是我们党治国理政的一个重大原则。"回顾党的百年奋斗历程,我们党领导人民跨过一道又一道沟坎、战胜一个又一个挑战,创造了举世瞩目的经济快速发展奇迹和社会长期稳定奇迹,这得益于我们党始终坚持发展和安全相统一,增强机遇意识和风险意识,树立底线思维,注重集中精力办好自己的事情。

历史上不止一次出现过只追求发展不重视安全的深刻教训。两宋是我国历史上经济、文化、教育比较繁荣的时代。著名史学家陈寅恪曾高度评价,中华民族文明历千年演化,造极于赵宋。英国经济学家安格斯·麦迪森在《世界经济千年史》一书中提到,中国在公元1000年(宋真宗时期),GDP占世界总量近1/4。但由于宋朝采取重文轻武的施政方针,在军事上较为羸弱,备受北方少数民族政权的压制,在1127年发生了"靖康之耻",宋徽宗和宋钦宗同时被金人掳去,北宋灭亡。1276年,元军攻破南宋都城临安,3年后,8岁皇帝赵昺在广东崖山被大臣陆秀夫背着跳海而死,南宋就此覆灭。

反之,也有的国家和民族一味强调安全而不注重发展,最终为历史淘汰的惨痛教训。提起斯巴达,人们脑海中便会浮现堪称猛男代表、勇气与力量的象征的斯巴达勇士。古希腊城邦斯巴达大力发展军事,抑制商业和贸易的发展,奉行全民皆兵的政策,一切社会活动和政体设计等都是为战争做准备。正如亚里士多德所说:"譬如在拉栖第梦(斯巴达)和克里特,他们的教育制度和大部分法律都是依据从事战争这一目的制定的。"后来,斯巴达凭借强大的军事实力,在著名的伯罗奔尼撒战争中打败雅典,成为古希腊的霸主。但它称霸希腊只维持了短短33年,就在留克特拉战役中被另一城邦底比斯打败。斯巴达从称霸到衰落的故事说明,一个政权可以凭借强大的军事力量盛极一时,但要确保其统治的经久不衰，发展经济同样至关重要。

近些年来，从互联网泡沫破灭到波及全球的金融危机，从埃博拉病毒暴发到新冠肺炎疫情在世界蔓延，人类社会发展面临的各种风险显著增加。其中，既有小概率高风险的"黑天鹅"事件，也有大概率高风险的"灰犀牛"事件。我们必须始终保持高度警惕，防范化解政治安全风险、意识形态安全风险、金融风险、社会稳定风险、生物安全风险、粮食安全风险等，用大概率思维应对小概率事件，牢牢守住不发生系统性风险的底线。

民以食为天。粮食事关国运民生，在所有的安全问题中，粮食安全可谓国家安全的重要基础。《2021年世界粮食安全和营养状况》报告显示，全球饥饿人口多达8.11亿，约占全球总人数的1/10。目前还有来自38个国家的4400万人处于饥荒的边缘。2022年5月18日，联合国秘书长古特雷斯在关于全球粮食安全的部长级会议上更是表示，当前全球饥饿水平处于新高。短短两年内，严重缺乏食物保障的人数增加了一倍，从新冠肺炎大流行前的1.35亿，增加到了今天的2.76亿。超过50万人生活在饥荒之中，自2016年以来增加了超过500%。

面对百年变局叠加世纪疫情，全球极端气候频发，地区间农产品供需失衡加剧，粮食安全形势异常严峻。中国耕地仅占世界10%，人口却占世界的22%，十几亿人的粮食问题始终是头等大事。虽然我们连续多年丰收，口粮安全有保障，但越是这个时候越是要保持战略定力。2022年全国"两会"期间，习近平总书记在看望参加全国政协十三届五次会议的农业界、社会福利和社会保障界委员时指出："在粮食安全这个问题上不能有丝毫麻痹大意，不能认为进入工业化，吃饭问题就可有可无，也不要指望依靠国际市场来解决。要未雨绸缪，始终绷紧粮食安全这根弦，始终坚持以我为主、立足国内、确保产能、

适度进口、科技支撑。""对我们这样一个有着14亿人口的大国来说，农业基础地位任何时候都不能忽视和削弱，手中有粮、心中不慌在任何时候都是真理。"①2022年4月10日下午，习近平总书记在海南省三亚市崖州湾种子实验室考察调研时再次强调："种子是我国粮食安全的关键。只有用自己的手攥紧中国种子，才能端稳中国饭碗，才能实现粮食安全。"党的二十大报告再次强调，全方位夯实粮食安全根基，牢牢守住十八亿亩耕地红线，确保中国人的饭碗牢牢端在自己手中。当前，我国粮食总产量已连续7年稳定在1.3万亿斤以上。2021年，粮食产量创历史新高，达到13657亿斤，人均粮食占有量达到483公斤，高于国际公认的400公斤粮食安全线，做到了谷物基本自给、口粮绝对安全。

"安危不贰其志，险易不革其心。"面对重重挑战，我们决不能丧失信心、犹疑退缩，而要坚持底线思维，增强忧患意识，做好战略谋划，辩证认识和准确把握国内外大势，时刻准备进行具有许多新的历史特点的伟大斗争。坚定信心、激流勇进，着力破解突出矛盾和问题，着力防范化解重大风险，保持经济持续健康发展和社会大局稳定，才能"乱云飞渡仍从容"，做到"风雨不动安如山"。

三、见微知著，防微杜渐

古人云："小善渐而大德生，小恶滋而大愆作。"刘备临终前对其子刘禅之遗训亦言："勿以恶小而为之，勿以善小而不为。"强调做事必须要谨小，要慎微。马克思主义哲学认为，量变质变规律是唯物辩证法的三大规律之一，深刻地揭示了事物在矛盾运动过程中发展变化之特

---

① 《习近平在看望参加政协会议的经济界委员时强调 坚持用全面辩证长远眼光分析经济形势 努力在危机中育新机于变局中开新局》，《人民日报》2020年5月24日。

点,由量变始,至质变而终。

"防微杜渐"这个成语可追溯至《后汉书·丁鸿传》,其中有这样一则记载:东汉和帝年仅14岁便即位,因其年幼,政权便被外戚窦氏把持。窦氏祸乱朝政,肆无忌惮。眼看大汉江山摇摇欲坠,众臣皆忧。司徒丁鸿一身正气,对窦氏专权祸国甚为愤恨,决心为国除祸。等天有日食之时,他便上奏言事,称此为不祥之兆,建议和帝趁窦氏羽翼未丰、权势不大时,加以处置以防后患。和帝早有此意,遂命其为太尉,罢免了窦氏之官。窦氏兄弟亦自晓罪孽深重相继自杀,由此缓和了东汉政局。丁鸿在其奏章有云:"若敕政责躬,杜渐防萌,则凶妖消灭,害除福凑矣。"后来《宋书·吴喜传》亦有"且欲防微杜渐,忧在未萌"之语。此成语之意是指个体在进行道德修养过程中,对其思想与行为时刻保持警惕,当出现不好之征兆与苗头时,就须及时加以制止与纠正,不能任由其继续发展。

习近平总书记在不同场合多次强调广大党员干部必须随时保持防微杜渐的自觉意识。2012年12月4日,习近平总书记主持召开中共中央政治局会议,审议通过了中央政治局关于改进工作作风、密切联系群众的八项规定,进而指出:"党风廉政建设,要从领导干部做起,领导干部首先要从中央领导做起。正所谓己不正,焉能正人。最重要的就是要防微杜渐,不要'温水煮青蛙'。"2014年3月,习近平总书记在第二批教育实践活动联系点兰考县实地指导教育实践活动中,再次强调对一切腐蚀诱惑保持高度警惕,慎独慎初慎微,做到防微杜渐。2021年12月8日,习近平总书记在中央经济工作会议上的讲话中进一步指出:"干事业做工作大方向要正确,重点要明确,战略要得当,同时要把控好细节,把政治经济、宏观微观、战略战术有机结合起来,做到谋划时统揽大局、操作中细致精当,防止因为'细节中的魔鬼'

损害大局。"

《道德经》有云:"合抱之木,生于毫末;九层之台,起于累土;千里之行,始于足下……民之从事,常于几成而败之。慎终如始,则无败事。"在老子看来,人之所以"常于几成而败之",就是因其不能始终做到防微杜渐。《韩非子》亦有云:"千丈之堤,以蝼蚁之穴溃;百尺之室,以突隙之烟焚。故曰:白圭之行堤也塞其穴,丈人之慎火也涂其隙,是以白圭无水难,丈人无火患。此皆慎易以避难,敬细以远大者也。"即言事物发展是一个由易至难、由细至巨的过程,故必须要"慎易以避难,敬细以远大"。

千里之堤,溃于蚁穴。在当今社会,广大党员干部更要时刻警惕,防微杜渐,防患于未然。从很多落马的贪腐官员的自我反省材料可知,腐败分子并非一开始便是腐化堕落之人,他们刚开始从政为官时,都有一腔热血,大有"为官一任,造福一方"的远大理想抱负。但很多党员干部在面对金钱、美色、人情时,立场逐渐松懈,意志渐渐淡薄,失去了防微杜渐的自觉意识,未能经受住考验。胆子由小变大,心一点一点变黑。正因日积月累的渐变过程,其对小恩小惠之收受不以为然,相反却心安理得、甘被围猎,胆子一次比一次大,进而为所欲为,目无法纪,最终走上不归路。

风起于青萍之末,浪成于微澜之间。任何重大风险都不会突然出现,往往是从细微的苗头和因子开始的。"针尖大的窟窿透过斗大的风""小洞不补,大洞吃苦",说的就是这个道理。正如邓小平所说:"有相当一部分事故,是由于那个百分之一甚至百分之零点五里头的零部件出了问题而造成的。"[①] 如果没有"草摇叶响知鹿过、松风一起知虎

[①]《邓小平文选》第二卷,人民出版社1994年版,第26页。

来、一叶易色而知天下秋"的敏锐意识和洞察能力,就不可能"图之于未萌,虑之于未有",就不可能见微知著、防微杜渐,把"补牢"之功用在"亡羊"之前。

天下大事,必作于细。国之大者与日常小事并不矛盾,小事小节见人心。工作落细落小,是干部责任心的体现,也是为民情怀的折射。近年来,从改造公厕到整治背街小巷环境,再到推动老旧小区改造,多地从细处着手,清"淤点"、通"堵点"、解"痛点",得到了群众大力点赞。事实证明,小改革汇聚大能量、微改革成就大事业。新时代的政府公共服务不能再用"大水漫灌"的老办法,而是需要以绣花般的精心、细心和巧心,加快推进市域社会治理现代化,提高市域社会治理能力,把治理的成果落实到为民服务的"最后一公里"。细节决定成败,小处决定命运。一个看手机的小动作足以酿成一场交通事故,一个不合格的零部件足以毁掉一架航天飞机,一瓶酒、一条烟有可能把一个优秀干部一步步拉入腐败的污流。俗话说:"巴豆虽小坏肠胃,酒杯不深淹死人。"对工作、对事业不能满足于差不多、过得去、一般化。小节小事过不了关,在大节大事上就很难把持得住。多些精益求精的执着,多些稳扎稳打、善作善成,方能积小胜为大胜,达到既定目标。

细节上不舍尺寸之功,成功才不会失之于空。有人曾计算,假设火箭有5万个零部件,若要使整体安全系数达到99.99%,那每个零部件的安全系数则要达到99.9999999%。要在火箭发动机喷管0.33毫米厚的管壁上完成3万多次精密操作,大国工匠高凤林能做到连焊10分钟不眨眼,他先后为我国40%的运载火箭焊接过"心脏",助力中国航天不断向深空探索。要用比头发还细的金丝连起中国最尖端雷达设备的收发组件,中国电科十四所的顾春燕每天用尺子反复测量手腕抬

起的高度，只为键合时确保金丝拱起的弧度一致。而为了让手握焊接更稳定，航天科工集团的姜涛用沙袋绑住双臂，每天做至少 6 个小时的钢板焊接训练。① 正是因为大国工匠发扬"执着专注、精益求精、一丝不苟、追求卓越"的工匠精神，对每个工作细节的一丝不苟、对每个零部件质量的"锱铢必较"，才实现了发射成功率世界第一。由此可见，器物有形，匠心无界。大力弘扬的工匠精神才能有力支撑"中国制造""中国创造"不断阔步向前。

燎原之势源于星星之火，千秋伟业始于脚踏实地。积小胜为大胜、化量变为质变，是共产党人一贯秉承的哲学智慧。以小见大、敬始慎微，方能从小事小节中涵养大境界、锤炼大格局。新征程上，面对严峻复杂的形势任务，面对前所未有的风险挑战，广大党员干部要坚持预防为主和科学化解相统一、全面防范和重点把控相结合、精准判断和底线思维相兼顾、提高能力和健全制度并重，积极主动防范风险、发现风险、消除风险，不断提高战略思维能力、风险预警能力、研判能力、应急能力、处置能力等，始终做到"任凭风浪起，稳坐钓鱼台"。

延伸阅读

毫厘之间显身手

测绘专业与百姓生活息息相关，几乎每个人都在享受着测绘的产品和服务，地图导航、共享单车、外卖配送等都得靠测绘数据；大型工程建设、资源开发、生态红线划定，以及精确打击、救灾应急等社会生产、国防建设各领域，更离不开测绘提供的空间信息和基础支撑保障。

---

① 参见《中国共产党人的精神谱系｜工匠精神：匠心筑梦 匠艺强国》，共产党员网 2022 年 5 月 23 日。

王芳就是一名测绘人员。四川测绘地理信息局地理信息与地图处（应急测绘保障处）处长。作为一名共产党员和普通公务员，她始终不忘初心，牢记使命，恪尽职守，忠诚担当，参加测绘工作30年来，无论是承担突发地质灾害等急难险重任务，还是在日常窗口服务，王芳总是兢兢业业、任劳任怨、精益求精。

失之毫厘，谬以千里。从事测绘工作，除了要有高超的专业水平和强烈的工作责任心，也要吃得了野外跋涉作业的苦，王芳无怨无悔，时时处处严格要求自己，力求做到极致。自2008年以来，王芳在陆地边界勘界测绘保障工作岗位上奋战10年，参与了大大小小的应急测绘保障任务20余次，"5·12"汶川地震、"4·20"芦山地震、"6·24"茂县山体滑坡、"8·8"九寨沟地震、"10·11"和"11·3"两次金沙江山体滑坡，到处可见这位"铁娘子"身先士卒的身影，为抢灾救险、灾情评估、灾后重建提供了及时可靠的应急测绘保障服务。地理信息与地图处是测绘局对外服务窗口，负责全省测绘成果的提供使用以及国家版图意识宣传教育、应急测绘保障等工作，每年审批提供成果1000余次，服务全省第三次土地调查、第四次经济普查、地名地址普查、自然资源离任审计、生态红线划定、绿色发展空间格局监测、土壤污染详查、农村饮水安全、水土流失综合治理、地质灾害防治等重大项目，为自然资源管理、脱贫攻坚、生态保护、乡村振兴、防范化解重大风险、民生改善等工作提供了大量的地理信息成果服务。

勘定国界线是维护国家主权和领土完整、政治性和专业性都很强的工作，王芳和同事们把"国家利益高于一切"铭记于心中，从2000年到2009年，在中越陆地勘界测绘工作的岗位上整整奋战了10年。他们克服了许多常人难以想象的困难，忍受着密林中蚊虫、蚂蟥的叮咬和毒蛇的威胁，背着资料包、干粮袋和水壶，长年累月艰难跋涉，实地勘界测绘。10年的倾情付出，勘界测绘工作圆满完成。

功成不必在我,功成必定有我。在同事眼中,王芳就是一头勤勤恳恳忘我投入的老黄牛。有一年大年三十,王芳一心惦记着工作的事儿,压根就忘了已经放假,跑到单位上班,结果发现门都给封了。王芳在困难面前绝不退缩,在成绩面前却低调谦让。局里多次推荐她为抗震救灾先进典型,都被她给谢绝了。她说自己是老同志了,带头是应该的,建议多推荐基层一线同志和年轻人。

"既然干了这个工作,当然要把它干好了,这才对得起大家的信任。总书记不是说了嘛,撸起袖子加油干。""我将牢记为人民服务的宗旨,为祖国的测绘事业奋斗一辈子。"王芳经常这样说。

四、不谋全局者,不足谋一域

清末举人陈澹然在其上奏书《寤言·迁都建藩议》中写道:"不谋万世者,不足谋一时;不谋全局者,不足谋一域。"意思是说,不从长远利益的角度来策划,就不能筹划好一个时期的事;不从全局的角度考虑问题,就不能够做好一个地区的事。提醒我们要善于从全局高度、用长远眼光观察形势,分析问题。

中国共产党历来善于从全局出发来系统谋划党和国家的各项事业。习近平总书记指出:"全面深化改革是关系党和国家事业发展全局的重大战略部署,不是某个领域某个方面的单项改革。'不谋全局者,不足谋一域。'大家来自不同部门和单位,都要从全局看问题,首先要看提出的重大改革举措是否符合全局需要,是否有利于党和国家事业长远发展。"① 这是要求全面深化改革必须"坚持从大局出发考虑问题"。

2021年1月7日,习近平总书记主持中共中央政治局常务委员会

---

① 《习近平谈治国理政》第一卷,外文出版社2018年版,第87—88页。

会议，会议强调："要胸怀中华民族伟大复兴战略全局和世界百年未有之大变局，牢牢把握'国之大者'，锚定党中央擘画的宏伟蓝图，观大势、谋全局、抓大事，坚持底线思维，保持战略定力，勇于担当作为，增强斗争精神，认真做好各项工作。"草摇叶响知鹿过、松风一起知虎来、一叶易色而知天下秋，考验的是科学决策的见微知著，映射的是"国之大者"的历史辩证。

"国之大者"，顾名思义，是指关系国家整体利益、全局利益、长远利益的大问题，事关人民幸福、民族复兴、党和国家前途命运的大事情，具有全局性、方向性、战略性意义。从这个意义上讲，党中央关注的，我们就要时刻对表对标；党中央强调的，我们就要坚决落地落实。在这个问题上绝不能"嘴上无杂音，心里有问号"，而必须对"国之大者"心中有数，做到头脑特别清醒、认识特别明确、态度特别鲜明、行动特别坚决。各级党政领导干部不能只顾自身的利益和局部利益而不顾全国利益和全局利益，要树立大局意识，站在国家的、全局的角度考虑自身发展定位，把自己所在的地区、领域、行业放到全国甚至世界范围内统筹考虑，强化整体性、系统性、协同性思维，善于分析研判局部与全局的关联影响，从大局出发防范化解风险。

在纵论国际国内大势、擘画改革发展蓝图时，习近平总书记反复强调要有战略思维，要胸怀大局、把握大势、着眼大事。有"登泰山而小天下"的气度，也有"功成不必在我"的胸襟，对大局了然于胸、对大势洞幽烛微、对大事铁画银钩，才能因势而谋、应势而动、顺势而为。面对复杂的改革局面，广大党员干部必须要有大眼光、大胸怀、大境界，善于把解决具体问题与解决深层次问题结合起来，不能头痛医头、脚痛医脚；善于把局部利益放在全局利益中去把握，不能只见树木、不见森林；善于把眼前需要与长远谋划统一起来，不能急功近

利、投机取巧；善于把国内形势与国际环境结合起来，不能闭目塞听、故步自封，这样才能见微知著、成竹在胸。

习近平总书记在陕西考察和看望参加全国政协十三届三次会议的经济界委员时，先后强调"对国之大者要心中有数"。这一重要指示要求如黄钟大吕令人警醒，各级领导干部当内化于心、外化于行，慎思之、践行之。习近平总书记强调："对国之大者要心中有数，关注党中央在关心什么、强调什么，深刻领会什么是党和国家最重要的利益、什么是最需要坚定维护的立场"①。"大者"关乎全局、关乎长远、关乎根本，而"国之大者"则事关方向方位、事关关键要害、事关行稳致远。始终心系"国之大者"，方可不迷惘、不慌乱、不趑行，方可站位高、视野宽、胸襟广，方可有大格局、大担当、大作为。

今后一个时期，我们将面对更多逆风逆水的外部环境，必须做好应对一系列新的风险挑战的准备。各种风险我们都要防控，特别要重点防控那些可能迟滞或中断中华民族伟大复兴进程的全局性风险。党的二十大报告强调，必须坚持系统观念，不断提高战略思维、历史思维、辩证思维、系统思维、创新思维、法治思维、底线思维能力，为前瞻性思考、全局性谋划、整体性推进党和国家各项事业提供科学思想方法。

古语云："先谋于局、后谋于略，略从局出。"在认真分析研判国际国内形势的基础上，制定正确的政策举措和战略策略，是我们党一贯倡导和坚持并行之有效的重要工作方法。抗日战争时期，国内国际形势不断发生变化，政策策略也随之不断调整，毛泽东一直遵循并坚持运用这一方法，对指导全党分析和把握形势变化、推动抗战进程发挥

---

① 《习近平关于力戒形式主义官僚主义重要论述选编》，中央文献出版社2020年版，第67页。

了重要作用。当前，我们踏上了实现第二个百年奋斗目标新的赶考之路，面对世界百年未有之大变局正加速演进、全球动荡源和风险点不断增多、新冠肺炎疫情带来的不稳定不确定因素凸显的严峻态势，更需要党员干部特别是领导干部科学把握时代发展特征，及时了解掌握国际局势变化，深入研判世界格局变化、全球疫情动态等对我国发展可能带来的有利因素和不利因素，时刻保持清醒头脑、敏锐嗅觉，对大局了然于胸、对大势洞幽烛微，在危机中育先机、于变局中开新局，因势而谋、因势而动、顺势而为，审慎地作出准确判断、正确决策。井冈山时期，毛泽东和战士们在一棵荷树下歇脚，他问："站在荷树下能看多远？"有人说能看到江西，有人说能看到湖南。毛泽东则意味深长地说："不仅要看到江西和湖南，还要看到全中国、全世界。"① 正是以这样一种宏阔的眼界格局和思想方法，让中国共产党人找到了以农村包围城市、武装夺取政权的正确道路。今天，处一隅而察大局、守一方而观大势，依然是重要的工作方法。

习近平总书记在2022年新年贺词中，引用了《中庸》中"致广大而尽精微"这句古语，为我们踔厉奋发、笃行不怠擘画了蓝图、指明了路径。坚持胸怀天下，是习近平新时代中国特色社会主义思想世界观和方法论的重要内容。党的二十大报告指出："我们要拓展世界眼光，深刻洞察人类发展进步潮流，积极回应各国人民普遍关切，为解决人类面临的共同问题作出贡献，以海纳百川的宽阔胸襟借鉴吸收人类一切优秀文明成果，推动建设更加美好的世界。"要坚定信心、同心同德，埋头苦干、奋勇前进，不仅要为中国人民谋幸福、为中华民族谋复兴，更要为人类谋进步、为世界谋大同。

---

① 参见《寻路井冈》，《人民日报》2021年1月22日。

能力提升

提升防范化解重大风险的能力

防范和化解重大风险，不仅是一个认识问题，更是一个实践问题。广大党员干部要学深悟透用好习近平总书记关于防范化解重大风险重要论述的精髓要义，深刻领悟和把握其中所蕴含的马克思主义立场、观点、方法，全面提升防范化解重大风险的能力。

首先，必须增强斗争精神。 风险和挑战并不会因为视而不见就不存在，也不会因为消极逃避而自行消失，更不会因为一再退让而息事宁人。我们党要团结带领人民有效应对重大挑战、抵御重大风险、克服重大阻力、解决重大矛盾，必须进行具有许多新的历史特点的伟大斗争。党的二十大报告特别强调，当前一些党员、干部缺乏担当精神，斗争本领不强，实干精神不足，形式主义、官僚主义现象仍较突出。各级领导干部必须以居安思危的政治清醒、坚如磐石的战略定力、勇于斗争的奋进姿态，主动投身到各种斗争中去，坚决打赢防范化解重大风险的攻坚战。

其次，必须提高工作本领。 防范化解重大风险不仅仅是一个精神状态和主观态度问题，还是一个专业能力和工作本领问题，各级领导干部必须克服"本领恐慌"，既要敢于斗争，也要善于斗争，善作善成。我们要提高综合素质和驾驭能力，遇到重大风险挑战、重大工作困难、重大矛盾斗争，能够做到第一时间进行研究、拿出切实可行的预案、有效推动工作，决不能因为风险而躲避，也不能因为能力不足而胆怯、惧怕。

最后，必须发扬钉钉子精神。 防范化解重大风险，必须反对官僚主义和形式主义，坚持说实话、谋实事、出实招、求实效，把雷厉风行和久久为功有机结合起来，勇于攻坚克难，以钉钉子精神做实做细做好各项工作。各级领导干部必须增强谨慎之心，对风险因素要坚持底线思维，坚持问题导向，分层级理清影响落实的问题，一个一个去解决，把工作落到实处。

"人生天地间，长路有险夷。"面对前所未有的风险挑战，只要我们保持战略定力，坚定必胜信心，切实做好防范化解重大风险各项工作，就一定能在乱云飞渡中把牢正确方向，在风险挑战面前砥砺胆识，把新时代中国特色社会主义伟大事业不断推向前进！

后 记

在我们中华民族的原始宗教观中,虎被尊崇为万能守卫之神。虎既是天上的星宿之神,也是天门的守护之神。在民间,虎以超自然的神力,深入人的内心世界之中。在我国不少民族历史传统中,老虎也被当作开天辟地之神、人类繁衍生息之祖,人们认为"天地之如月,风雨雷电之生威,无不化生于虎"。源于虎的生肖文化和图腾崇拜,民间延伸出祈虎赐子、佩虎保安、画虎镇邪的实用功能,借助虎的威力来祈愿和保佑子孙岁岁平安、驱邪纳福、健康成长。屈原在《离骚》开篇即云:"帝高阳之苗裔兮,朕皇考曰伯庸。摄提贞于孟陬兮,惟庚寅吾以降。"既可见屈原大夫以虎年虎月虎日生为尊耀,亦可从中看出当时楚国崇虎之风俗。

习近平总书记在多个重大场合反复强调虎是百兽之王,是力量、勇敢、无畏的象征。党的十九大以来的五年,是极不寻常、极不平凡的,国际国内形势变动的剧烈程度超过以往任何时期,习近平总书记以"明知山有虎,偏向虎山行"的勇毅决绝,勇担历史重任,坚持敢于斗争,把伟大事业不断推向前进。

本书的出版,要感恩于我们的创作团队。正是在与本书的策划编辑廖晓文及东方出版社编辑老师反复打磨、商定章节标题后,编写人员心往一处想、劲往一处使、分工不分家,终于得以完成"任务"。其中,郝祥红负责第二、七、十二章,代苗雪负责第四、五、八章,郭培培负责第六、十、十一章,其余部分由甘守义撰写并统稿。

党的二十大报告开篇强调了"弘扬伟大建党精神",可见伟大建党精神的极端重要地位。中国共产党历经百年而风华正茂,形成了坚持真理、坚守理想,践行初心、担当使命,不怕牺牲、英勇斗争,对党忠诚、不负人民的伟大建党精神,这是中国共产党的精神和力量之源,更是中华民族一以贯之"虎虎生威、生龙活虎、气吞万里如虎"精神的重要体现。

踏上实现第二个百年奋斗目标新的赶考之路,继续书写中国特色社会主义伟大事业的历史新篇章,我们更需坚定理想信念,牢记初心使命,植根人民群众,以"饿虎扑食"的豪情,"虎口拔牙"的胆气、"龙腾虎跃"的作风,自信自强、守正创新,踔厉奋发、勇毅前行,在新的舞台腾跃纵横,争取更大作为,以实际行动践行党的二十大精神,为全面建设社会主义现代化国家、全面推进中华民族伟大复兴而团结奋斗!